Beck'sche Reihe
BsR 307

Aus der Reihe von Predigten, die Albert Schweitzer als Vikar von Sankt Nikolai in Straßburg in den Jahren 1900 bis 1913 und 1918 bis 1919 hielt, wird hier eine Auswahl vorgelegt. Sie umfaßt Predigten zu den Festzeiten des Kirchenjahrs, Missionspredigten und schließlich die ersten Predigten über das Thema „Ehrfurcht vor dem Leben". Damit ist ein wichtiger Querschnitt durch das Wirken dieses großen Vorbildes unserer Zeit als Prediger gegeben.

Albert Schweitzer (1875–1965), der jahrzehntelang als Urwaldarzt in Lambarene wirkte, veröffentlichte grundlegende Werke zur Theologie, Religionsphilosophie, Ethik und Bach-Forschung.

Ulrich Neuenschwander (1922–1977) war Professor für Theologie an der Universität Bern.

ALBERT SCHWEITZER

Straßburger Predigten

Herausgegeben von
Ulrich Neuenschwander

VERLAG C.H.BECK MÜNCHEN

Die Deutsche Bibliothek – CIP-Einheitsaufnahme

Schweitzer, Albert:
Strassburger Predigten / Albert Schweitzer. Hrsg. von Ulrich Neuenschwander. – Orig.-Ausg., 3., unveränd. Aufl. – München : Beck, 1993
(Beck'sche Reihe ; Bd. 307)
ISBN 3 406 37218 X
NE: Schweitzer, Albert : [Sammlung] ; GT

Originalausgabe
ISBN 3 406 37218 X

Dritte, unveränderte Auflage. 1993
Einbandentwurf von Uwe Göbel, München
unter Verwendung eines Porträtfotos Albert Schweitzers

Gesamtherstellung: Appl, Wemding
Printed in Germany

INHALT

DRITTE PREDIGT ÜBER DIE SELIGPREISUNGEN

Sonntag, den 24. Mai 1900
Nachmittagspredigt zu St. Nicolai

Matth. 5,4: Selig sind, die da Leid tragen, denn sie sollen getröstet werden.

Wir fahren heute fort in der Betrachtung der Seligpreisungen, mit denen der Herr die Bergpredigt eröffnet. Letzten Sonntag wurde uns die Bedeutung der merkwürdigen ersten Seligpreisung klar: Selig sind, die da geistig arm sind, denn das Himmelreich ist ihr. Geistig arm, so sahen wir, will nicht heißen, beschränkt an Geist, sondern die geistig Armen sind diejenigen, welche sich arm fühlen an geistigen Gütern, deren Herz von einer Sehnsucht nach Höherem und Edlerem ergriffen ist.

Die Seligpreisung, die wir heute unserer Betrachtung zugrunde legen, handelt nicht mehr vom Geistigen, sondern vom Irdischen.

Das ist gerade das Wunderbare an Jesus, daß er sich nicht allein an unser geistiges Wesen wendet, sondern auch so menschlich mit Menschen empfinden kann. Ist es dir nie aufgefallen, wenn du das Vaterunser sprichst, wie nüchtern in die Bitten um geistige Güter die Bitte um das tägliche Brot, um die tägliche Notdurft tritt? Er stellt sie nicht an das Ende, wie etwas Angehäuftes, son-

dern er fühlt mit uns als Mensch und nimmt sich auch irdischer Dinge an. Dieses Mitgefühl ergreift ihn auch am Anfang der Bergpredigt. Die Leute sind zu ihm hinaufgekommen, um seine neue Lehre zu hören. Indem Jesus seine Rede beginnt, sieht er Augen, die geweint haben, und spürt Herzen, die von den Sorgen des täglichen Lebens beengt sind – er wird von Mitleid ergriffen: ehe er weiter redet, will er sie trösten, das Herz erst von den irdischen Sorgen befreien, ehe er ihnen von geistigen Dingen spricht.
Was heißt das nun: Selig sind, die da Leid tragen? Wenn wir sagen «selig», so denken wir an die Toten, die ihren irdischen Lauf beendet und nun im himmlischen Vaterland von allem Leid befreit sind. Aber das meint der Herr hier nicht. Man hat dem Christentum vorgeworfen, daß es die Leute über das irdische Leid gleichsam hinwegtäuschen wolle, indem es sie immer auf die himmlische Seligkeit, die ihrer wartet, vertröstet. Das ist nicht der Fall; es war Jesu Gedanke gar nicht; denn er sagt ja nicht: Selig werden einst diejenigen sein, die jetzt Leid tragen, sondern er sagt: Selig sind sie *jetzt, jetzt,* wo sie Leid tragen! –

Wie kann aber nun Jesus Menschen, die mitten im irdischen Leben, mitten in der irdischen Sorge drin stehen, «selig» preisen? Wir haben schon in unsern beiden letzten Betrachtungen gesehen, welche Bedeutung das Wort «selig sind» im Munde Jesu am Anfang der Bergpredigt hat: Es will heißen, daß die selig Gepriesenen zum Reiche Gottes gehören, das er gerade verkündigt und das mit ihm auf Erden beginnt; die Sanftmütigen, die Barmherzigen, die reinen Herzens und die Friedfertigen, sie sind selig, weil sie zum Reiche Gottes gehören. So sind auch die Leidtragenden selig, weil sie zum Reiche Gottes gehören und Kinder Gottes sind.

Das jüdische Volk, vielleicht auch manche unter den Zuhörern Jesu, erwarteten, daß, wenn einst der Messias, der Heiland, auf Erden erscheinen und das Reich Gottes anbrechen werde, alles irdische Leid verschwinden und alles Weh aufhören werde. Und nun ist der Heiland gekommen, er sitzt mitten unter ihnen und verkündet das Reich Gottes; aber das irdische Leid hebt er nicht auf, sondern indem er sagt: Selig sind, die da Leid tragen, gibt er auch zu verstehen, daß mit dem Reich Gottes das Leid nicht aufhöre. Und so war es auch: Er, der Heiland selbst hat am meisten gelitten; die Jahrhunderte, die verflossen sind, zeigen uns, daß das Leid immer noch auf Erden herrscht, und daß gerade diejenigen, die sich zum Herrn und seinem Reich bekennen, noch mehr leiden müssen als die andern. Und doch sagt Jesus: Selig sind, die da Leid tragen!

Damit hat er das Leid nicht aus der Welt geschafft, aber unsere Gedanken über das Leid werden durch seine Seligpreisung andere – und darin besteht unsere Seligkeit. –

Seit die Menschen denken, ist immer wieder die Frage vor sie getreten: Warum müssen wir armen Menschen auf dieser Welt so viel leiden? Aus wie vielen Büchern, auch wenn sie Jahrhunderte alt sind, schallt uns nicht die Frage entgegen: Wie kann Gott es zulassen, daß die Menschen, seine Geschöpfe, so vom Unglück verfolgt werden? Und auf diese Fragen, die in aller bekümmerten Menschen Herzen widerhallen, fand sich keine Antwort. Da fingen sie an, irre zu werden: Es gibt keinen Gott, sagten sie. Dann grübelten sie nach: Sie wollten die

Notwendigkeit des Leidens einsehen; sie suchten sich begreiflich zu machen, daß es notwendig sei, wie das Licht; weil es leuchtet und Schatten wirft, so muß auch auf der Welt Licht und Schatten, Freude und Leid sein. Und als das Leid über sie kam, da hielt die Weisheit, die sie sich zurechtgemacht hatten, nicht stand. Da sahen sie in allem Leid eine Prüfung Gottes, und zuletzt in allem Unglück eine Strafe Gottes. Und so litten sie doppelt, nicht nur äußerlich, sondern auch in ihrem Gewissen. Das waren die Gedanken der Menschen, als Jesus in die Welt kam. In allem Leid suchten sie eine Strafe Gottes.

Der Turm von Siloah fiel um und erschlug viele Menschen. Da fragten sie sich: Was haben denn diese Menschen verbrochen, daß gerade sie von dem Unglück ereilt werden mußen? Ein Mann war blind von Geburt an; da fragten sie Jesus: Wer hat sich versündigt, dieser oder seine Eltern, daß ihn dieses Unglück trifft? Und Jesus kann ihnen antworten: Keiner. Schon hat er die Menschen von dem tiefen Abgrund des Leidens und Unglücks, in den sie immer wieder hineinstarren, abgewandt, ihren Blick aufwärts gerichtet und ihnen die Tränen abgewischt durch das einfache Wort: Selig sind, die da Leid tragen.

Jetzt verstehen wir recht, was er damit sagen will. Es will heißen: Grübelt nicht nach, wenn euch in diesem Leben Leid widerfährt. Verzweifelt nicht. Glaubt nicht, daß Gott euch damit züchtigen will, strafen will, daß er euch von sich verstoßen hat, sondern auch im Leid seid ihr in seinem Reich, auch im Leiden seid ihr seine Kinder, auch im Leiden hält euch sein Vaterarm; es kommt aus Gottes Hand. Fragt nicht warum, sucht nicht zu verstehen; versteht ein Kind seinen Vater in all seinem Tun?

Kann es immer begreifen, was er mit ihm vorhat? Nein – aber es kann sich ihm vertrauensvoll in die Arme schmiegen, und gerade unter Tränen die höchste Seligkeit empfinden, sein Kind sein zu dürfen: Ja, selig sind, die da Leid tragen. Dieses Wort war auch der Leitstern seines Lebens. In dieser Bedeutung ist der Spruch in Jesu Munde kein hohles Wort, sondern sein ganzes Leben legt Zeugnis davon ab. Er hat viel gelitten und wurde nie irre an seinem Vater. Und als in der höchsten Todesnot ihm der Wille seines Vaters dunkel blieb, beugte er sich, wie er uns beten gelehrt hat: Dein Wille geschehe, und dort in Gethsemane beendet er seinen Seelenkampf: Nicht wie ich will, sondern wie du willst.

Ich kann diese Worte nicht hören oder lesen, ohne an ein Ereignis zu denken, das mich vor einigen Jahren in meinem Innersten erfahren ließ, welchen Trost in allem Leid wir in den Worten und in dem Leben unseres Heilands besitzen. Im Juli wird es vier Jahre, daß ich in einer Gemeinde des Unterelsasses predigen sollte. Ich weiß nicht mehr, welchen Text ich behandeln wollte. – Am Donnerstag vor jenem Sonntag ging über jene ganze Gegend, auch über die Gemeinde, in der ich predigen sollte, das schwerste Hagelwetter, das seit Menschengedenken unser Elsaß betroffen hat, nieder. Als ich mit dem Zuge am Samstag Abend durch die Gegend kam, als ich sah, wie alle ihre Äcker verwüstet waren und alles dahin war, da fühlte ich, daß ich die Predigt, die ich vorbereitet hatte, nicht halten könnte; daß die Leute in die Kirche kämen, daß sie in Gottes Wort Trost über ihr Unglück fänden.

Und da fragte ich mich: Was soll ich zu ihnen sagen? Daß Gott dieses Unglück gesandt, um sie zu prüfen oder um sie zu bestrafen? Ich glaube, wenn ich diesen Gedanken damals ausgedrückt hätte, wäre er mir vorgekommen wie eine Gotteslästerung. Und während ich so nachdachte, da stand vor meinem Geiste das Bild des Herrn in Gethsemane, und ich predigte über das Wort: «Herr nicht wie ich will, sondern wie du willst»; ich zeigte ihnen, wie wir Menschen Gottes Wege nicht verstehen, aber doch durch Jesum wissen, daß wir in allem Leid einen Vater im Himmel haben, – und ich fühlte, wie die Herzen ruhiger wurden.

Ich weiß, ihr seid es mit mir alle gewiß, daß in der Zuversicht, daß trotz alles Leidens wir nicht an Gottes Liebe und Treue zweifeln brauchen und daß wir trotzdem Erben seines Reiches und seine Kinder bleiben, der Trost liegt, der uns immer wieder über das Unglück erheben wird. Darum sagt auch der Herr so schön: Selig sind, die da Leid tragen, *denn sie sollen getröstet werden.*

Jesus sagt nicht, welches Leid und welchen Trost. Und doch glaube ich, in seinem so menschlichen Empfinden hätte er für jedes Leid noch einen besonderen Trost gehabt. Saß vor ihm eine Frau, die ihren Liebling beweinte, blickte ihn ein armes Menschenkind an, das sich verwaist und *einsam fühlte?* Saß zu seinen Füßen eine gebückte Gestalt, von dem Verlust der ganzen Habe niedergebeugt? Oder befand sich unter den Lauschenden ein Wesen, das gebrochenen und betrübten Herzens auf ein verfehltes Leben zurückblickte? Für sie alle hätte er ein besonderes Wort des Trostes gehabt. Die Mutter hätte er auf Gott verwiesen, der die Macht hat, *ihr wieder schenken kann, was sie verloren; das verwaiste Herz hätte er wieder mit andern fühlen lernen,* den Verarmten hätte er wieder zur Arbeit aufgerichtet und dem, der ein verfehltes Leben beklagte, hätte er den Mut gegeben, ein *neues* zu beginnen, indem er ihm das Gleichnis vom verlorenen Sohn erzählte. Und wenn wir zu ihm hingingen, dann würde er uns auch so trösten können. Er würde zu uns sagen: Schaut zurück in euer Leben! Was habt ihr da nicht alles als Leid betrachtet? Und jetzt, wenn ihr darauf zurückblickt, seht ihr nicht den Weg Gottes? – Seht ihr nicht, daß es vorübergehend war und oft das Glück daraus geboren wurde, wie die Sonne aus dem Frühnebel auftaucht? Und dann würde er uns ganz tief ins Auge schauen.

Ich glaube, er hätte noch einen höheren Trost. Schau zurück in die Stunden deines Lebens, die ruhig und glücklich dahinflossen, würde er sagen. Wenn dein ganzes Leben nur eine Kette solcher Stunden gewesen wäre, weißt du, was du geworden wärest? *Eigennützig*, hartherzig, *einsam*, ohne Sinn für das Hohe, für das Edle, für das Reine, für Gott – und nie hättest du Seligkeit empfunden. Wo hast du zuerst empfunden, *daß wir Menschen uns nicht selbst leben?* Im Leid! Wo überkam dich die Seligkeit des Mitleids? Im Leid. Wo näherte sich dein Herz denen, denen du so fern und kalt gegenüberstandest? Im Leid. Wo ging dir eine Ahnung auf von der höheren Bestimmung unseres Lebens? Im Leid. Wo fühltest du Gottes Nähe? Im Leid. Wo lerntest du die Seligkeit kennen, einen Vater im Himmel zu haben? Im Leid. Und wenn er so zu uns spräche, dann würden wir zu ihm sagen: Jetzt verstehen wir, was es heißt: Selig sind, die da Leid tragen, denn sie sollen getröstet werden. Jetzt wollen wir still unsere Lebensstraße weiterziehen: Freude und Leid, *Leid und*

Freude – so liegt sie vor uns. Aber das Leid erschreckt uns nicht mehr, denn in diesen Stunden tönt in uns die Stimme des himmlischen Vaters, der uns zu sich und unserer höheren Bestimmung ruft. Und wenn einst der Tod, das letzte Leid, an uns herantritt, dann lächeln wir ihm entgegen, und in unserm Herzen klingt es: Komm, Tod des Schlafes, Bruder, komm und führe mich nun fort. Löse meines Schiffleins Ruder, bringe mich an sicheren Port. Es mag wer da will dich scheuen, du kannst mich viel mehr erfreuen, denn durch dich gehe ich ein in meines Vaters ewiges Heim.

PASSIONSPREDIGT
ÜBER DEN SINN DES TODES JESU

Sonntag, den 23. Februar 1902
Nachmittagspredigt zu St. Nicolai

Joh. 12,32.33: Und ich, wenn ich erhöht werde von der Erde, so will ich sie alle zu mir ziehen. Das sagte er aber zu deuten, welches Todes er sterben würde.

Alljährlich, wenn die Passionszeit wiederkehrt, drängt sich jedem ernst denkenden Christen von neuem die Frage auf: Was bedeutet denn der Tod Jesu? Wie ist das zu verstehen, daß das Leiden und Hinscheiden jenes Einzigen auf Golgatha uns, zu welcher Zeit wir auch leben, erlöst hat und für alle Menschen und alle Generationen ein Quell unsagbaren Segens geworden ist? Da kommt das Wort auf unsere Lippen:

Wenn ich dieses Wunder fassen will
so steht mein Geist vor Ehrfurcht still.
Er betet an und er ermißt,
wie Gottes Lieb unendlich ist.

Jesus selbst hat nur in geheimnisvollen Worten von der erlösenden Bedeutung seines Todes gesprochen. So sprach er einst zu den Jüngern: Sein Tod sei eine Sühne für viele; so sprach er in der letzten Nacht beim Abendmahl: Sein Blut sei vergossen zur Vergebung der Sünden für viele. Aber über das Warum und über das Wie schwieg er. Es sollte ein anbetungswürdiges Geheimnis bleiben. Nur aus der Ferne andeuten wollte er es den Menschen, weil sie es nie ganz verstehen könnten. So ist auch unser Texteswort eine solche Andeutung: «Wenn ich erhöht werde von der Erde, so will ich sie alle zu mir ziehen.» Er sagt das, um anzudeuten, welches Todes er sterben sollte, das heißt, er wollte ihnen nicht nur in Aussicht stellen, daß er an einem Kreuz verbluten würde, sondern er wollte uns auch auf die tiefe innere Bedeutung dieser Todesart aufmerksam machen.

Auf einem Hügel, weithin sichtbar, die große Stadt mit ihrem geschäftigen Treiben überragend, hängt Jesus am Kreuz erhöht. Das will heißen: Jesus hängt da sichtbar vor aller Welt. Ob die Menschen wollen oder nicht, sie müssen ihn sehen. Ob sie wollen oder nicht, sie müssen sich Gedanken machen über das, was dort auf Golgatha vorgeht. Sie müssen es sehen, daß ein solches Beispiel unendlich liebevoller Hingabe in dieser kalten Welt existiert – ob das sie nun gleichgültig läßt, ob sie darüber spötteln oder ob es sie merkwürdig bewegt im Innersten des Herzens: Aber sehen müssen sie es.

Ihr werdet sagen: Wenn es nur ein Beispiel ist, so ist es doch im Grunde genommen gar wenig. Es gibt viele herrliche Beispiele, wo wir uns sagen mit vollem Ernst: Das möchtest du nachahmen, so etwas möchtest du auch tun – und dann fehlt uns die Kraft dazu: Das Beispiel scheint uns nur da zu sein, um uns zu beschämen und zu zeigen, wie weit wir davon entfernt sind. Ihr habt recht. Aber ist denn der Tod am Kreuz nur ein Beispiel? Nein, sondern für den, der sich nun unter das Kreuz stellt, für den, der Jesum anschaut mit dem inneren geistigen Auge, für den ist der Tod Jesu eine Kraft. Wenn ich erhöht bin, so will ich sie alle nach mir ziehen, sagt Jesus. Nach mir ziehen – das will heißen, ich will eine Kraft ausüben auf ihr Herz. Vom Kreuze aus – am Stamme des Kreuzes schwebend, will ich eine Wirkung auf die Herzen der Menschen tun. Ich will ihnen Kraft und Freudigkeit geben Dinge zu vollbringen, die sie sonst nicht ausführen könnten. Von meinem Kreuze aus soll eine Erneuerung des Sinnes in der Welt vorgehen. Wie ist doch dieses Wort so wahr. In allem, was das Christentum Schönes und Herrliches in der Welt vollbracht hat, was ist denn da für eine andere Kraft, als die Kraft des Kreuzes Christi? Sie wirkte in allen denen, die Großes, Edles und Heiliges geleistet haben.

Und wie zeigt sich diese Kraft in uns? Es liegt eine ernste Weissagung in diesem Wort: «Wenn ich erhöht sein werde, will ich sie alle nach mir ziehen.» Nach sich in das Leiden will uns der Herr ziehen. Das will heißen, alle will er uns durch das Leiden mit sich ziehen. Der Apostel Paulus schreibt von sich, als er schwere Trübsal hatte: Er mache an seinem Teil das Leiden Jesu voll, ein schönes Wort. Auch wir sollen denken, daß wir alle durch das Leiden hindurch müssen. Wir sollen nicht zittern und uns fragen, wir sollen wissen, daß die Trübsal zum Christenstand gehört, daß Jesus uns in sein Leiden nachzieht.

Und warum? Weil das Leiden Erhöhung ist. Wie dort Jesus auf Golgatha am Kreuzstamm über der Welt erhöht ist und der Vollendung und Verklärung wartet, die ihm der himmlische Vater beilegen wird, so müssen auch wir leiden, daß wir über die Welt erhöhet werden, daß wir sehen, es gibt etwas Höheres als irdisches Glück und irdische Zufriedenheit, daß wir uns langsam losringen von dem, was unsern Sinn hienieden gefangennehmen wollte, damit wir unsern Blick auf das Unvergängliche, Überweltliche richten und höher und höher streben. Darum sagt der Herr: Wenn ich erhöht sein werde, will ich sie alle nach mir ziehen. Was wir hier dulden und leiden, das ist die Hand unseres Heilandes, die uns faßt und der zu uns spricht: Höher, höher hinauf. Eine Frau sagte im Verlauf einer schweren Krankheit zu ihrem Pfarrer: Ich muß viel leiden und es wird mir oft sehr schwer. Und doch, trotzdem möchte ich nicht wieder auf den Stand zurückkommen, in dem ich war, ehe mich Gott durch diese Krankheit heimsuchte, denn ich weiß, wie ich durch das Leiden reicher am inwendigen Menschen geworden bin. Ist das nicht wirklich eine Bestätigung des Wortes: Wenn ich erhöht sein werde, will ich sie alle nach mir ziehen? Ach, daß wir uns von Jesus so ziehen lassen möchten. Ich glaube, wir fänden alle dann unser Glück.

Und nun, ehe ich schließe, will ich noch ein Wort hervorheben in dem Ausspruch unseres Heilandes, das geheimnisvollste von allen: Das Wort *alle*. Ich will sie alle nach mir ziehen – alle. Wir sehen, daß nicht viele sich von ihm nach sich ziehen lassen, wir müssen selbst fragen: Sind wir denn solche, die sich von ihm nachziehen lassen? Wie gar viele gehen ihren eigenen Weg, den Weg des Verderbens! – Und doch verheißt der Heiland: Ich will sie *alle* nach mir ziehen. Dürfen wir denn nicht aus diesem Wort Hoffnung schöpfen, daß auch diejenigen, die wir nach dem Augenschein verloren geben müßten, doch gerettet sind durch die Kraft des Kreuzes Christi, wenn wir es auch nicht verstehen können? Wie trostvoll wäre doch solcher Glaube für so manches arme Mutterherz, das über ein mißratenes Kind trauert, und für noch so viele andere. Das sind Fragen, über die der Schleier des Geheimnisses gebreitet ist – aber in der Hoffnung und im Glauben ergreifen wir das Geheimnis.

DIE RÜCKKEHR DER SIEBZIG

Sonntag, den 11. Mai 1902
Morgenpredigt zu St. Nicolai

Luk. 10,17–21: Die Siebzig aber kamen wieder mit Freuden und sprachen: Herr, es sind uns auch die Teufel untertan in deinem Namen. Er sprach aber zu ihnen: Ich sah wohl den Satanas vom Himmel fallen wie einen Blitz. Sehet, ich habe euch Macht gegeben, zu treten auf Schlangen und Skorpione und über alle Gewalt des Feindes; und nichts wird euch beschädigen. Doch darin freuet euch nicht, daß euch die Geister untertan sind. Freuet euch aber, daß eure Namen im Himmel geschrieben sind.

Es war Erntezeit. Die Männer des Volkes, das um Jesus versammelt war und ihm von Dorf zu Dorf folgte, schickten sich an, nach Hause zurückzukehren, um die Ernte heimzubringen. Er aber wählte siebzig aus unter denen, die er kannte, weil sie oft um ihn gesessen (es war, nachdem die zwölf ausgesandt waren), und sagte zu ihnen: Gehet zuvor aus und predigt das Evangelium, dann kommt wieder und ich entlasse euch.

Siebzig Männer, sinnbildlich gewählt nach der Zahl der siebzig heidnischen Völkerschaften, so viele zählte man nämlich im Alten Testament. Es waren die Unfertigsten der Unfertigen, die er aussandte – und doch hieß er sie gehen und predigen, denn er wußte, daß sie etwas empfangen würden, daß ihnen etwas offenbart würde bei dieser Tätigkeit. Und er täuschte sich nicht. Wir haben gekämpft und gesiegt, rufen sie von Freude erfüllt, als sie zurückkehren. –

Sie haben gekämpft und gesiegt –, nun haben sie das Geheimnis des Christentums; sie tragen es in sich, da niemand es von ihnen nehmen kann, denn das Christentum ist Kampf und Sieg durch Jesus. Darum preist Jesus Gott in jener Stunde, daß er dieses Geheimnis, das den Weisen und Klugen verborgen ist, den Unmündigen geoffenbart hat. –

Er hat es ihnen nicht offenbart, weil sie Unmündige sind, sondern weil sie als die Unmündigen gewirkt und gekämpft haben. Nicht durch das Denken und Nachsinnen erfaßt man das große Geheimnis, das über der Welt und unserm Dasein schwebt, sondern die höhere Erkenntnis, die geht erst auf in dem Wirken, in dem Arbeiten. Darum ist für diese höchste Erkenntnis kein Unterschied zwischen Weisen und Unmündigen, sondern dem Unmündigen wird geoffenbart, was dem Weisen verschlossen ist – wenn er wirkt. –

In dem Wirken liegt Erkenntnis und Zuversicht. Ein Mensch, der nicht wirkt, der kommt nicht weiter als bis zu dem Satze: Das Leben ist Kampf und Not. Aber ein Mensch, der wirkt, der kommt zur höheren Weisheit – das Leben ist Kampf und Sieg. Darum zwingt Gott die Menschen zur Arbeit, darum gibt er ihnen Kinder zu erziehen, darum legt er ihnen eine Pflicht auf, daß sie in dem Handeln zur tieferen Erkenntnis, zur Zuversicht und zum Glauben an den Sieg durch Christus kommen müssen. Ich lag in schweren Banden, du kommst und machst mich los – Ihr kennt diesen schönen Vers.

Wie aber tritt Jesus zu denen, die in schweren Banden des Kummers oder der Reue liegen? – Er tut vor ihnen eine Pflicht, eine Aufgabe auf, und dann finden sie in diesem Wirken, nicht ohne schweren Kampf, das Vertrauen und – den Glauben wieder, denn in dem Wirken da spüren sie die göttlichen Kräfte, die alles erhalten und beleben.

Es ist mit dieser Erkenntnis des Lebens wie mit einem Menschen, der am Fenster sitzt und schaut, wie der Märzwind die dunkeln Wolken am Himmel vorbeijagt: Wie traurig, wie öde, sagt er, weiter kommt er nicht. Zur selben Zeit arbeitet ein Arbeiter auf dem Felde – er sieht, wie der Wind die Wolken jagt, aber er erfaßt mehr. Er erfaßt den lebendigen Hauch, er spürt das Leben, das sich allenthalben regt, die sieghafte Kraft, die nicht aufzuhalten ist –, er allein hat den Märzwind verstanden, weil er als Arbeiter auf dem Felde stand. Und so merken auch nur diejenigen Menschen, die als Arbeiter auf dem Felde des Lebens stehen, den Lebenshauch und das Walten des sieghaften göttlichen Geistes in der Welt. Ein Mensch, der wirkt, kann nicht verzagen an dem Sieg des Göttlichen über das Böse. Ihr habt schon alle den Namen des Philosophen Schopenhauer gehört, der durch seine Schriften den Menschen als die höchste Weisheit mitteilen wollte, daß das Leben nur Leiden, Kampf und Elend sei. Ich kann nie eine Seite von ihm lesen, ohne mich zu fragen: Was wäre aus diesem Menschen geworden, wenn er, statt sich fremd und vornehm von irgend einem Beruf und von den Menschen zurückziehen zu können, gezwungen worden wäre, als Schullehrer in ein armes Gebirgsdorf zu gehen, und dort die Aufgabe gefunden hätte, eine verkommene und verwahrloste Jugend zu brauchbaren Menschen heranzubilden? – Er hätte seine berühmten Bücher nicht geschrieben, die Leute hätten ihn nicht umjubelt, man hätte ihm keine Lorbeerkränze auf die weißen Locken gedrückt, aber er selber hätte mehr gewußt, er wäre für sich zur tieferen Erkenntnis durchgedrungen, daß das Leben nicht Kampf allein, sondern Kampf und Sieg ist. Aber so war er nur ein Weiser, und die unmündigen und unwissenden, galiläischen Männer, die Jesus ausgesandt hatte, daß sie wirkten, besaßen höhere Weisheit als er, denn es war ihnen offenbar geworden das Geheimnis, daß das Leben Kampf und Sieg ist in Christo.

Aber sie trugen dieses Geheimnis noch in einer sinnlichen Form. Sie rühmten und freuten sich, daß sie durch Jesus Macht und Gewalt an sich erfahren hatten, Zeichen zu tun, Kranke zu heilen und unreine Geister zu bannen. Jesus freut sich mit ihnen. Ja gewiß, sagt er zu ihnen, die Zeit des siegreichen Kampfes mit der bösen Macht ist angebrochen. Und damit sie's verstehen, redet er zu ihnen in der Sprache der Zeit: Ich sah den Satan als einen Blitz vom Himmel fallen, Schlangen und Skorpione können euch nichts anhaben, denn ich habe euch Macht gegeben, und nichts wird euch beschädigen. Aber nun, mit einem Worte, ehe er ihnen den Segen gibt und sie nach Hause entläßt, wirft er einen Schleier über all diese sinnenfällige Freude, indem er sagt: Doch darin freuet euch nicht, daß euch die Geister untertan sind, freuet euch aber, daß eure Namen im Himmel geschrieben sind. – Was er wollte mit dieser höheren innerlichen Freude, verstanden sie nicht.

Aber in der Folge sollten sie es erfahren. Sie kamen nach Hause und das alltägliche Leben mit seinen Kleinlichkeiten und Sorgen nahm wieder Besitz von ihnen. Und da kam ein Kampf mit der bösen Macht, der war viel schwerer als der, den sie auf ihrer Predigtreise bestanden. Es war nicht der Kampf gegen den Satan, der in den Lüften wohnt und durch den Mund der Besessenen Lästerworte redet, sondern es war der Kampf gegen die böse Macht, die in ihrem Herzen wohnte: Es war der Kampf gegen die Sünde, um dem Worte nachzutrachten: Ihr sollt vollkommen sein, wie euer Vater im Himmel vollkommen ist; es war der Kampf um die Herzensreinheit, um das Gottvertrauen, um die Hoffnung in Trübsal, um den Glauben. Und dieser stumme innerliche Kampf war schwer, denn Jesu Auge ruhte nicht mehr auf ihnen und er war fern von ihnen, nicht mehr auf dieser Welt. Und nun, in diesem inneren Kampfe, da ging ihnen auf, was gemeint war, als er ihnen bei ihrer Rückkehr von einer höheren Freude redete. Jene Worte, die letzten, die sie von ihm gehört: Ich habe euch Macht gegeben, nichts wird euch schädigen, freuet euch, daß eure Namen im Himmel geschrieben sind; jetzt verstanden sie sie als ewige, innerliche, unvergängliche Worte; sie verstanden sie, wie wir sie verstehen, als die Worte des Herrn an die Kämpfenden. Und noch heute leuchten diese wie glänzende himmlische Sterne in die Herzen der Kämpfenden. «Ich habe euch Macht gegeben» – Christus ist eine Kraft in den Ringenden. Wer vermöchte dies zu erklären? Wer vermöchte zu erklären, wieso seine Kraft und seine Macht damals in jenen Ausgesandten in Galiläa lebte, daß sie Zeichen taten wie er? Und doch, sie erfuhren es an sich. So ist auch Christus heute noch eine Macht in allen denen, die an ihn als ihren Heiland von Herzen glauben; sie haben eine Kraft in sich, von der man äußerlich nichts sieht und die man nicht erklären kann, eine Kraft, die sie vorwärts führt und die sie erhält.

Und diese Macht zeigt sich erst dann recht an uns, wenn wir Schaden nehmen am äußeren oder inwendigen Menschen. Nichts wird euch schädigen. Der Herr hat's gesagt. Nichts, keine Trübsal und keine Krankheit, kein Schmerz und keine Enttäuschung, sondern aus allem diesem schweren Ringen werdet ihr gekräftigt und erneuert, reich am inwendigen Menschen, hervorgehen.

Nichts wird euch schädigen: Auch der Fall und die Sünde nicht, sondern wer an mich als den Heiland glaubt, der geht durch Erniedrigung und Reue zur Freudigkeit der Vergebung ein und darf ein neues Leben beginnen.

Darum dieses unvergängliche: Freuet euch, daß eure Namen im Himmel aufgezeichnet sind, nicht als die der Seligen, nicht als die der Ruhenden, sondern als die der Kämpfenden und durch Jesum Christum zum Sieg Bestimmten. Freuet euch, daß ihr nicht verlorengehen könnt, weil Gott seine Hand über euch hält.

Als jene Galiläer heimgingen, träumten sie Frieden und Friedensfreude. Aber in dem «Freuet euch», das er ihnen nachrief und das sie nicht verstanden, lag etwas von dem Wort: Ich bin nicht gekommen, Frieden zu senden, sondern das Schwert. Es war ein prophetisches Wort. In den Kämpfen und Anfechtungen, da die Wogen über ihnen zusammenschlugen, da erklang es wieder für sie, jenes gewaltige «Freuet euch» an die Kämpfenden und Ringenden – und nun verstanden sie und seither viele Tausende von Kämpfenden: Freuet euch, daß eure Namen im Himmel geschrieben sind. Es war einer, der stand nicht dabei, und hat dieses «Freuet euch» nicht gehört. Aber die ganze Herrlichkeit, die in diesem «Freuet euch» liegt, hat er mit Engelszungen verkündet. Es war der Apostel Paulus – und seine Deutung des «Freuet euch» an die Kämpfenden steht im achten Kapitel des Römerbriefes. Laßt mich mit seinem Wort schließen:

«Was wollen wir nun hierzu sagen? Ist Gott für uns, wer mag wider uns sein? Welcher auch seines eigenen Sohnes nicht hat verschont, sondern hat ihn für uns alle dahingegeben; wie sollte er uns mit ihm nicht alles schenken? Wer will die Auserwählten Gottes beschuldigen? Gott ist hier, der da gerecht macht. Wer will verdammen? Christus ist hier, der gestorben ist, ja vielmehr, der auch auferweckt ist, welcher ist zur Rechten Gottes und vertritt uns. Wer will uns scheiden von der Liebe Gottes? Trübsal oder Verfolgung oder Hunger oder Blöße oder Fährlichkeit oder Schwert? Wie geschrieben steht: Um deinetwillen werden wir getötet den ganzen Tag; wir sind geachtet wie Schlachtschafe.

Aber in dem allen überwinden wir weit um des willen, der uns geliebt hat. Denn ich bin gewiß, daß weder Tod noch Leben, weder Engel noch Fürstentümer, noch Gewalten, weder Gegenwärtiges noch Zukünftiges, weder Hohes noch Tiefes noch keine andere Kreatur mag uns scheiden von der Liebe Gottes, die in Christo Jesu ist, unserm Herrn.»

PREDIGT AUF SONNTAG NACH OSTERN

Sonntag, den 24. April 1904
Morgenpredigt zu St. Nicolai

Matth. 28,20: Siehe, ich bin bei euch alle Tage bis an der Welt Ende.

Es ist ein Wort, wie ein Sonnenaufgang; als stände man auf einem hohen Berg und sähe die fernsten Gipfel und Täler von einem Lichtstrahl erleuchtet. Ich bin bei euch, bis an der Welt Ende. Das letzte Wort des Auferstandenen an seine Jünger. Für manche unter uns könnte es dadurch etwas von seiner Schönheit einbüßen, da sie nicht annehmen können, daß Jesus, nachdem sein menschliches Dasein aufgehört, zu seinen Jüngern noch in Menschenworten geredet habe. Aber ich meine, es kommt vor allem auf die ewige Wahrheit an. Die Einkleidung dieses Wortes, wonach der Auferstandene dieses Wort an seine Schüler richtete um sie zu stärken und zu trösten, mag ein Symbol, ein Gleichnis sein; das worauf es für uns ankommt, ist, ob wir wissen, was es heißt, ob wir es an uns erfahren haben: Ich bin bei euch.

Was ist doch schon die geistige Gemeinschaft mit einem Menschen für eine innere Kraft! Was sind doch die Menschen arm, die geistig allein sind, die niemand haben, der sie versteht und ermutigt; doppelt arm, wenn sie nicht einmal das Bedürfnis darnach haben!

Je mehr man im Leben vorwärts kommt, desto mehr versteht man, wie die wahre Kraft und das *wahre Glück uns von denjenigen Menschen herkommen, die uns geistig etwas sind. Ob sie nah oder fern sind, ob sie noch leben oder gestorben sind, wir brauchen sie, um den Weg durchs Leben zu finden und das Gute, das wir in uns tragen, das wird erst durch ihre geistige Nähe Leben und Tätigkeit.* Wenn ich das Wort «Ewiges Leben» höre, denke ich nicht zuerst an das fried- und freudvolle Dasein derer, die überwunden haben, sondern an das ewige Leben, wie es mir als geistige Gegenwart solcher, die nicht mehr sind, und solcher, die noch sind, offenbar geworden: Die Menschen, die ich nahe fühle, nicht als irdische Existenzen, sondern als geistige Wesen. Und wenn schon irdische Menschen mit ihren Schwächen und Gebrechen so viel für uns sein können, wie viel mehr er, in welchem alles Reine, alles Geistige, alles Ewige beschlossen ist. In diesem Worte: «Ich bin bei euch» liegt das Schicksal eines jeden Menschenlebens. Diejenigen, welche sagen können: Ja, es ist so, ich weiß, was das ist, seine geistige Nähe, die sind reich und glücklich, daß man es in Worten nicht ausdrücken kann, und die andern, denen es nichts Lebendiges, nichts Erlebtes besagt, dieses Wort, sind arme, arme Menschen, wenn sie es auch selbst nicht ahnen.

Aber wie ihn finden? Er ist da, in den Evangelien, in der Lehre der Kirche, wahrhaftig da. In den Evangelien steht sein Leben hienieden beschrieben, und in der kirchlichen Lehre, was er für uns war, und doch gehen so viele an ihm vorbei und finden ihn nicht und verbringen ihr Leben, ohne wahrhaft seine geistige Nähe zu verspüren. Ich rede nicht bloß von denen, die von Herzen glauben möchten, und die ihn doch auch nicht persönlich kennen, so daß sie sein Auge auf sich ruhen und ihren Willen in dem seinen aufgehend fühlen. Ich meine diejenigen, die seine Nähe nicht so verspürt haben, daß alles, was sie über geistige Gemeinschaft mit ihm lesen und hören, ihnen nur ein schwacher Ausdruck ist für seine Nähe, wie sie sie empfinden. Denn geistige Gemeinschaft ist etwas, das alle Worte und alle Vorstellungen tief unter sich läßt, etwas, das man erlebt, aber nicht beschreiben kann.

Nun aber, wie kommt es, daß dieser Jesus der Evangelien, dieser Heiland der Kirchenlehre als ein lebendiges geistiges Wesen in unser Leben eintritt? Ihr erinnert euch, daß es in den Briefen St. Pauli einmal heißt: Ich will auf menschliche Weise zu euch reden. So möchte ich auch auf menschliche Weise zu euch reden, denn ich fürchte, es wird in dieser Zeit nicht genug auf menschliche Weise von ihm gesprochen. Am letzten Karfreitag, während wir in tiefer Ergriffenheit seines Todes gedachten, fing man in Frankreich an, sein Bild aus den Gerichtssälen, wo er bisher auf die Richter herniedergeschaut hatte, zu entfernen. Diejenigen, die das veranlaßt haben, zu denen hat man nie menschlich von ihm gesprochen, sondern nur in toten Formeln und Lehrsätzen. So meinten sie, er gehöre nur der Kirche an und hatten keinen Respekt für seine einfache, menschliche Größe. Manchmal meint man, daß die Welt nicht mehr den Weg zu ihm findet, weil er in Lehren eingeengt ist, so wie es herrliche alte Kathedralen gibt, an die die Häuser so nahe herangerückt sind, daß man sie nicht mehr in ihrer ganzen Größe sieht. So muß man auch um Jesus den Platz freilegen.

Ich weiß nicht, ob ich mich irre, aber ich meine, daß viele darauf vergebens warten, daß sie seine Nähe verspüren, und daß dieses: «Ich bin bei euch» an ihnen in Erfüllung gehe. Sie warten und warten, bis zuletzt diese lebendige Gemeinschaft mit ihm, wo doch erst die wahre Religion anfängt, für sie etwas Ungreifbares, Unerreichbares wird, das sich an ihnen nicht erfüllt, und auf das sie dann verzichten. Wenn uns das religiöse Leben der Menschen, denen wir begegnen und vieler, die allsonntäglich mit uns in der Kirche sind, offenbar wäre, so wüßten wir um manches stille unerfüllte Sehnen und um manches langsame Bescheiden, mit ihm in lebendiger, geistiger Gemeinschaft zu leben und sich ihm nahe zu fühlen.

Es ist, als ob sie sich eine falsche Vorstellung von ihm gemacht haben. Sie erwarten einen Heiland als Tröster, und gewiß ist er vielen als Tröster erst offenbar geworden, da sie in schweren Banden der Sünde und des Unglücks saßen. Und doch, ihr versteht mich recht, wenn ich es nur ganz unvollkommen und kurz sagen kann, meine ich manchmal, es sei fast etwas Unnatürliches, daß nun jeder Mensch in seinem Leben auf ein gewaltsames Ereignis oder inneres Erlebnis warten müsse, wie etwa Augustin oder Luther, daß ihm nun Jesus nahe erscheine. Das ist nicht der Weg für alle. Ich meine, viele in unserer Zeit finden ihn nicht, weil sie warten auf eine besondere Trostbedürftigkeit, wo er ihnen soll offenbar werden, und weil diese nicht für sie kommt, kommt er auch nicht zu ihnen. Wie trat er an die ersten Jünger heran? Nicht als Trostheiland; er tritt nicht an Menschen heran, die besonders unglücklich sind und sagt ihnen: Kommt, ich will euch trösten, sondern an Menschen, die gesund und frisch im Leben stehen und spricht: *Kommt, ich will euch zu Menschenfischern machen, das heißt, ihr sollt mitarbeiten an meinem Lebenswerk.* Und ist es nicht bedeutungsvoll, daß vor unserm Textworte: «Ich bin bei euch alle Tage bis an der Welt Ende» sein Befehl steht, sein Werk fortzusetzen: «Gehet hin in alle Welt und lehret alle Völker.» Das «Ich» in diesem «Ich bin bei euch» ist vor allem ein Wille. Es heißt, ich lasse euch nicht los, ihr müßt mein Lebenswerk fortsetzen. Und so geht dies «Ich bin bei euch» über die ganze Welt von Menschengeschlecht zu Menschengeschlecht. *Und als sie sein Lebenswerk fortsetzten, im Kämpfen und Arbeiten für ihn, da erfuhren sie erst, was dieses: «Ich bin bei euch» bedeutete. Das hat sich nicht geändert: Der natürliche Weg zu ihm ist an seinem Werke zu arbeiten,* und aus dieser Gemeinschaft des Arbeitens mit ihm, da kommt eine immer größere und stärkere Gemeinschaft des geistigen Lebens, ein persönlicher Verkehr mit ihm. Ist es nicht schön, so in der geistigen Gemeinschaft unter den Menschen? – *Diejenigen, welche uns nahe gekommen sind, sind uns etwas geworden, weil ein selbes Streben, ein solches Ideal uns mit ihnen verbindet. Das hält uns mit Menschen zusammen, mit denen wir sonst nichts Gemeinsames haben, und mit denen wir uns sonst nicht verstehen würden. So muß auch unser Menschenwille in den allgewaltigen Willen Jesu eingehen; dann wird die Gemeinschaft mit ihm geschaffen und dann erfährt der Mensch, was es heißt: «Ich bin bei Dir.»*

Darum, wenn ich auf menschliche Weise das Christentum verkünden darf, möchte ich zu allen Zweiflern und zu allen denen, die sich vergebens sehnen, daß sie seine lebendige Nähe fühlen, sagen: Gut, lasset alles, alles dahingestellt, wenn euch nur das eine bleibt, *daß er ein Mensch ist, der das Recht hat, von euch zu verlangen, daß ihr an dem Werke, das er begonnen, mithelft und ihr dies tun wollt, dann wird schon seine herrliche Nähe über euch kommen,* und ihr werdet reich und reicher werden, reicher als ihr es euch denken könnt! –

Das ist ein Gedanke, zu dem ich immer wieder zurückkehre und von dem ich ausgehe, *ein Gedanke für mich wie eine Lichtung im Walde, auf der sich alle Pfade finden, weil er ein Trost war und noch ist.* Man hört, daß diejenigen, welche Theologie studieren, durch schwere Kämpfe hindurch müssen wegen der Zweifel, die ihnen aufsteigen bei der genauen Prüfung und Erforschung der christlichen Lehre und ihrer Geschichte. *Ich kann nicht aus Erfahrung sprechen, denn ich habe nicht eine Sekunde diesen Gemütszustand gekannt, da ich mir immer sagte: Und sollte alles fallen, das eine bleibt, daß wir arme, schwache Menschen sein Werk fortsetzen dürfen und dadurch unser Leben, Sinnen und Trachten und all unser Tun geheiligt wird. Ist das nicht genug, übergenug zur wahren Freude, zur wahren Seligkeit, zum Frieden? Und weil ich so seiner geistigen Nähe gewiß war, habe ich nie Zweifel und Glaubensanfechtung gekannt.*

Nun werdet ihr sagen: Das ist eine zu wenig demütige Religion. Man kommt zum Heiland als ein Gleichberechtigter, nicht als ein gedemütigter, gebrochener Mensch. Ich glaube, die Demütigung und die Demut kommen von selbst. Wer ist in den Schatten eines großen Berges getreten und hat sich nicht klein gefühlt? Ich bin bei euch alle Tage – da liegt etwas drin, das heißt, ich bin bei euch alle Tage, um euch zu demütigen. Denn was tun wir für ihn, daß wir das Recht haben, uns als solche zu fühlen, die ihm dienen? Ihr kennt alle die Legende vom heiligen Christophorus, der ein Kindlein über den Fluß setzen sollte, das immer schwerer und schwerer wurde, bis es ihn ganz niederdrückte. Nun, in diesem «Ich bin bei euch» liegt so etwas Niederdrückendes. Denn wer ihn nahe fühlt, der wird niedergedrückt von ihm. Nur diejenigen, die ihn nahe fühlen, die wissen, wie unheilig und sündig ihr Wille ist, ja, ich möchte sagen, nur die wissen wahrhaft, was Sünde ist.

Nun zuletzt: Ich bin bei euch, um euch zu trösten und euch über die Welt und alles Erleben hinwegzuheben. Wer die geistige Gemeinschaft mit ihm erlebt, wer Fragen an ihn richtet, auf die ihm eine Antwort ward – der weiß, es gibt nichts auf Erden, kein Unglück, keine Sorge, kein Elend, das größer wäre als der Trost, der von ihm kommt. So hat er dort die Jünger gestärkt in Verfolgung und Verlassenheit; in Kampf und Todesnot konnten sie es von ihm hören: «Ich bin bei euch». Steht es nicht auf jeder Seite der Briefe St. Pauli, dieses «er ist bei mir». Ihr erinnert euch dieses Wortes: «Ich vermag alles, durch den, der mich mächtig macht, Christus». – So kommt auch die Fülle unendlichen Trostes über jeden, der in seiner Gemeinschaft drin steht. – Selig, wer sie gefunden! –

Gottes Güte gegen uns ist ein so großes Geschenk, daß man sie nicht gleichgültig annehmen darf.

PREDIGT ZUM ERNTEDANKFEST ÜBER DIE DANKBARKEIT GEGEN GOTT

Sonntag, den 20. November 1904
Morgenpredigt zu St. Nicolai

Offenbarung Joh. 4,11: Herr, du bist würdig zu nehmen Preis und Ehre und Kraft; denn du hast alle Dinge geschaffen, und durch deinen Willen haben sie das Wesen und sind geschaffen.

Am letzten Sonntag in der Sonntagsschule redete ich den Kindern von dem Ernte-, Herbst- und Dankfest und fragte sie dann, wer denn von ihnen etwas geerntet habe. Einer hatte einen Apfelbaum abmachen helfen, dieser ein Rebstück herbsten, das ihm nicht gehört, die meisten aber hatten von Ernte und Herbst nichts gesehen, nur daß sie wußten, das es ein gutes Jahr gewesen. Um ihnen begreiflich zu machen, daß wir doch Erntefest feiern sollten, erinnerte ich sie an das Wort des Herrn: Freut euch mit den Fröhlichen.

Und jetzt auch möchte ich fast lieber in einer Dorfkirche stehen und predigen vor Leuten, die sich, ehe sie ins Gotteshaus kamen, überschlugen, wie viel sie geerntet und die vielleicht diesen Nachmittag in die Reben gehen, um zu sehen, wie es mit dem Holz für das nächste Jahr aussieht, statt mit euch von Erntefreude zu reden, die ihr nichts direkt aus der Hand Gottes empfangen habt, wo doch die wenigsten von euch ein Grundstück oder nur einen Baum besitzen. Es wird uns heute schwerer, inmitten der Häuser und Gassen Gott nahe zu fühlen, als denen draußen, zu denen das abgeerntete, im Herbstnebel ruhende Feld redet von ihm und seiner Güte, viel beredter und begeisterter als Menschenmund es vermag.

Dennoch bitte ich euch nicht nur, euch zu freuen mit den Fröhlichen, sondern auch, euch zu freuen an Stelle derer, die sich nicht freuen! Es gibt viele, die haben geerntet und in die Scheunen gesammelt und danken heute nicht; im Bann unserer Stadt stehen Felder, die stehen nicht nur vor den Menschen kahl, sondern auch kahl vor Gott, denn er hat darauf keinen Dank geerntet. Darum müssen wir Gott danken für diejenigen, die heute Erntefest feiern sollten und ihm nicht danken, damit das Danklied, das aus unserm Gau zu ihm aufsteigt, vernehmlich werde.

Wozu braucht Gott unsern Dank? Ihr meint, das ist eine fast gottlose Frage auf der Kanzel. Wer aber von euch hat sie sich noch nicht schon gestellt, und zwar schon als Kind? Ich möchte sie euch aber in dem frommen Sinn stellen und fragen, ob ihr es schon bedacht habt, was für eine Bedeutung unser Dank für Gott hat? Ich meine, wir danken nicht genug, weil wir nicht wissen, was für ein großes Ding es ist um das Danken. Es ist wie ein Instinkt in der Menschheit, daß Gott unsern Dank braucht. Schon auf der tiefsten Stufe der Erkenntnis fühlen die Menschen das Bedürfnis, ihm etwas darzubringen, Früchte des Feldes oder Tiere. Sie wissen zwar, daß es ihm gehört, daß es durch ihn geschaffen ist und Bestand hat, und doch ahnen sie, daß diese Garben und diese

Tiere, weil sie ihm durch Menschen dargebracht sind, für ihn viel mehr Wert haben als alles andere, was die Welt hervorbringt durch seine Kraft.

Was dort im groben Gleichnis den Menschen vorschwebte, wir erkennen es klarer und deutlicher, soweit wir Menschen ein großes Geheimnis begreifen können. Gott braucht unsern Dank; er lebt davon; ohne unsern Menschendank ist er, der Ewige, Unendliche, Allmächtige arm, denn sein Reichtum kehrt nicht zu ihm zurück.

Ist nicht ein irdischer Herrscher, so groß sein Reich und sein Volk sein mögen, arm ohne den Dank der Menschen, über die er gesetzt ist, arm, wenn er nur Herrscher ist? So ist auch Gott arm, wenn er nur Herrscher ist über alles, was ist, und wenn nicht der ganze Reichtum seines Wesens, den er in das, was er geschaffen hat, hineingelegt hat, als Menschendank zu ihm zurückkehrte. Darum hat er etwas geschaffen außer sich und blieb nicht in der Beschauung seines einzigen Seins. Warum hat er denn überhaupt etwas geschaffen außer sich? Damit er in dem Leben, das er schaffte, seinen eigenen Reichtum erlebte. Er, der Allmächtige, dessen Wille Tat ist, hat Wesen geschaffen, die ihren eigenen Willen haben, und wartet nun, ob sie seinen Willen tun möchten, daß sein Wille geschehe wie im Himmel so auf Erden – dann ist das Ziel der Welt erfüllt. So wartet er auch, daß seine Güte und Liebe, die er in die Schöpfung hineingelegt hat, wieder zu ihm emporgetragen werde. Wohl ist es Dank, wenn die Vögel singen und die Bäume in ihrer Blüte dastehen, und es wie ein Jauchzen und Jubilieren über der Erde schwebt, wohl ist es Dank, wenn die schweren Ähren gegeneinander rauschen und die goldbehangenen Weinberge unter dem blauen Septemberhimmel dastehen. Aber dieser Dank der Welt kommt nicht über die Sphäre des Kreatürlichen hinaus, bis zu ihm, denn er ist Geist, und alles Kreatürliche muß als Geistiges zu ihm gelangen. Darum kehrt von der Kraft, dem Leben und der Güte, die er in die Welt hineingelegt hat, nur so viel zu ihm zurück, als geistiger Menschendank zu ihm hinaufgebracht wird, wie auch von dem Willen, den er in die Schöpfung gelegt, nur so viel zu ihm zurückkehrt, als von den Menschen erfüllt wird. Das ist das Leben und der Reichtum Gottes, daß sein Wesen aus der Welt durch den Menschengeist zu ihm zurückkehre, und was nicht durch Menschengeist zu ihm zurückkehrt, ist für ihn verloren, gefangengeblieben in der Kreatürlichkeit.

Darum, siehe, ist der Dank, der von den Menschen zu Gott aufsteigt, das größte Geschehen zwischen Erde und Himmel. Die meisten Menschen aber gehen dahin und wissen nichts von diesem höchsten Geschehen und ahnen nicht, daß ihr Leben für Gott verloren ist, weil es ihm keinen Dank gebracht hat. Aber es ist hier wie im Gleichnis: Einiges fiel an den Weg, einiges auf das Steinige, einiges unter die Dornen und brachte keine Frucht, aber das Wenige, das auf gutes Land fiel, brachte dreißig-, sechzig- und hundertfältig und ersetzte alles, was verlorenging. So ist es mit dem Dank zu Gott; die Güte, die er in diesem Jahr über die Menschen ausgestreut, ist an vielen verloren und nur die wenigsten sind wie der Baum, gepflanzt an den Wasserbächen und bringen Gott ihre Frucht zu seiner Zeit, aber wenn nur die paar Tausend, die jetzt zu dieser Stunde in den Kirchen unseres Landes versammelt sind, ihm wirklich aus tiefstem Herzen danken, so ist das eine köstliche und reiche Frucht für Ihn.

Aber das Danken ist nicht nur ein Geschehen, welches den ganzen Endzweck der Welt in sich faßt, es ist auch ein Erleben. Wer Gott von Herzen dankt, der erlebt etwas: Er wird selber reich. Wir fühlen uns oft arm an Glück und Freudigkeit, unser Leben erscheint uns leer und unbefriedigend, ohne daß wir wissen warum. Nun merkt auf euch selbst: Die Zeiten der innerlichen Armut sind die Zeiten, wo ihr Gott nicht dankt. Was das Leben bringt, hat an sich keinen Wert: Es bekommt ihn erst durch den Dank zu Gott. Heute am Erntefest sind nicht die die Reichen, welche viel in die Scheunen gesammelt haben, sondern die, welche Gott viel danken. So hängt auch unser inneres Glück nicht davon ab, was wir erleben, sondern daß wir es in Dank zu Gott erleben. Dein Leben ist etwas Trübes und Undurchsichtiges, so lange du es nur mit dem natürlichen Menschensinn betrachtest, aber wenn du es gegen das Licht der göttlichen Güte hältst, dann leuchtet es und wird durchsichtig und strahlt und glänzt, und du frägst dich, ob denn das wirklich noch dein Leben ist, das so vor dir steht?

Der kennt sein Leben nicht, der es nicht im Dank zu Gott bespiegelt. Was es birgt an Kostbarkeit, ist dem natürlichen Geist verborgen; die Körner werden erst offenbar, wenn du alles vor Gott ausbreitest.

Und nicht nur reich wirst du, sondern auch stark durch die Gemeinschaft mit Gott. Schon unter Menschen schaffet der Dank die tiefste Gemeinschaft, welche zuletzt stärker ist als alles, was sich zwischen sie schieben kann. Wie viel mehr mit Gott. Wir haben keine Gemeinschaft mit ihm, weil wir nicht danken. Darum fühlen wir ihn so fern; es fehlt das Opfer, das uns mit ihm versöhnt und verbindet. Wir kennen das Wort: Rufe mich an in der Not, so will ich dich erretten und du sollst mich preisen, haben es auch wohl schon erfahren, aber wir vergessen das andere: Opfere Gott Dank. Beten können heißt zuerst danken können, und gar viele kommen nie in die rechte Gebetsgemeinschaft mit ihm, weil sie nicht mit dem Danken anfangen. Sieh, unser Herr Jesus war immer mit Gott und fühlte ihn nahe, verstand ihn in allen seinen Führungen, weil er immer dankte. Das hat ihn zum Vater emporgehoben. Sieh, dieses Glückes kannst auch du teilhaftig werden wenn du anfängst, Gott aus tiefstem Herzen zu danken, und wenn dein Danken den Weg zu Gott nimmt, dann wirst du selbst aus der irdischen Betrachtung der Dinge herausgehoben und alles verschwindet und versinkt unter dir; du fühlst, wie dein Dasein in ihm ruht; du erkennst die Dinge in ihm; was schwer schien, wird leicht, was als unüberwindliches Hindernis vor dir stand, wird eben, und als ein anderer Mensch kehrst du zu deinem eigenen Leben zurück. Glücklich die Menschen, die im Dank gegen Gott für das Leben gestählt sind.

Darum, wenn du dich schwach und matt und unglücklich fühlst, fang an zu danken, damit es besser mit dir werde. Zwing dein Herz dazu. Und wenn es verdrossen frägt: Wofür? Laß ihm keine Ruh und zwing es zu suchen, im Augenblick, etwas, wofür es danken müsse; und wenn du nur das erste gefunden hast, dann kommt eines nach dem andern und du wirst zuletzt nicht mehr fertig mit Danken.

Das größte ist Danken für alles; wer das gelernt hat,

der weiß was Leben heißt und ist durch alles hindurchgedrungen. Danken für alles. Wenn du keine Äcker und Felder besitzest, so nimm doch den Dank des Erntefestes zum Gleichnis, wie auch unser Herr, der keine Felder hatte, alles in der Natur zum Gleichnis nahm und es so im Geistigen besaß. Der Dank, der heute dargebracht wird für die Frucht, die die Erde getragen, er geht nicht nur auf den Sonnenschein, sondern auch auf den Regen, der die Erde befeuchtete, auf den Wind, der den Blütenstaub von einer Pflanze zur andern trug, auf die Kälte, welche die Saat in der Erde zurückgehalten, auf den Frühjahrssturm, der das Land von Schnee und Eis befreit. So sind es nicht nur heitere und sonnige Ereignisse, welche in deinem Leben die Frucht zeitigen, für die du Gott dankst, sondern es ist auch viel Trübes und Schweres dabei, für das du Gott auch danken mußt, weil es dich in deinem inneren Leben weitergebracht hat. Und wenn es so schwer ist, daß du meinst, nicht damit fertig zu werden, dann such, worin du Gott dafür dennoch danken könntest, denn manchmal sind wir blind für das, was Gott mit uns will und werden erst sehend, wenn wir versuchen, ihm zu danken.

Ihr aber, die Glücklichen, helft denen danken, die kämpfen und überwinden müssen bis sie dazu kommen durch das Dankgebet, das ihr emporsendet. Es ist mir manchmal, wenn ich an den Altar trete um das Eingangsgebet zu sprechen, als müßten unter euch welche sein, die in der Woche etwas Herrliches erlebt haben und nun kommen zu danken. Ich meine dann, daß ihre Gedanken, losgelöst von den Worten des verlesenen Gebets, dasselbe umspielen wie wunderbare Harmonien eine schlicht einfältige Melodie umsingen und umklingen, und daß dann das Gebet der Bekümmerten durch diese Gedanken des Dankes, die durch den Raum ziehen, gekräftigt und zu Gott emporgetragen werden.

ADVENTSPREDIGT

Sonntag, den 18. Dezember 1904
Morgenpredigt zu St. Nicolai

Luk. 9,62: Wer seine Hand an den Pflug legt und sieht zurück, der ist nicht geschickt zum Reich Gottes.

Ihr wißt, was diesem Text vorangeht. Es waren Menschen entschlossen, Jesu nachzufolgen, und er verbot ihnen zu tun, was ihnen natürlich schien. Der eine wollte zuerst sein Hauswesen in Ordnung bringen und Abschied nehmen; er läßt es ihm nicht zu. Der andere will zuerst seinen Vater begraben, und der Herr spricht zu ihm: Laß die Toten ihre Toten begraben.

Es ist ungerecht, was er fordert. Aber so ist es mit dem Reiche Gottes, daß um seinetwillen Dinge, die nach unserem natürlichen Menschengefühl an der Zeit scheinen, nicht an der Zeit sind, damit das Notwendige geschieht!

Ich muß immer im Advent daran denken, warum denn das Israel, das so herrlich Advent gefeiert und mit einer Sehnsucht auf einen Herrn und Erlöser gewartet, wie sie nie mehr ein Geschlecht bewegt hat, warum dieses so vorbereitete Volk dem Reiche Gottes verlorenging? Nicht aus mangelhafter Frömmigkeit, nicht aus Verstocktheit, sondern wegen unzeitgemäßer Pietät gegen Gesetz und Propheten. Es hat die Zeichen der Zeit nicht verstanden und deswegen konnte ihm der Herr Jesus selbst nicht helfen.

Noch einmal am Ausgang des Mittelalters kam eine große Adventzeit, ein Harren der Geister. Die Zeit stand vor dem Pflug wie ein stampfendes Pferd, das die Nüstern bläht, und Morgenwolken röteten den Himmel, und sie schauten zurück auf Kirchenväter und Konzilien und blieben stehen.

So leben Judentum und Katholizismus unter uns als solche, die zurückgeschaut haben und die menschlich natürliche und pietätvolle Erwägungen verhindert haben, dem Herrn zu folgen. Wohl enthalten sie noch viel edle und tüchtige Frömmigkeit, viel edles Wollen und reine Kraft, aber sie ist nicht geschickt zum Reiche Gottes, sie bleibt gebunden in Gedanken der Vergangenheit und ist nicht Salz der Erde. Wenn aber das Salz dumm wird, womit soll man salzen? –

Dann habe ich immer Angst, daß wir in einer Adventszeit drin stehen und sie verpassen, weil wir zurücksehen. Sollte es keine Adventszeit sein? Ich höre Lästerung und Gericht. Nun steht es ja in der Schrift, daß wenn die Lästerung und das Gericht sich mehren, daß dann die Zeit erfüllt ist, wo er wieder in der Welt erscheint. In der Lästerung und in den Anklagen gegen die mittelalterliche Kirche erschien der Christus der Reformation. Darum horchet, ob nicht in dem Spott und Hohn der heutigen Welt über das Christentum ihr den Schritt des Herrn vernehmt und forschet, ob es nicht die dritte große Adventszeit ist! Schaut nicht zurück, sondern blickt nach vorn, ob nicht vor dem Pflug eine leuchtende Gestalt steht! –

Ich fürchte, wir schauen zurück. Wir reden zu viel

von den Reformatoren und meinen unserer Zeit mehr Kraft zu geben, wenn wir die reformatorische Zeit auf jede Weise wieder lebendig erstehen lassen, mit all ihren großen Gestalten, als würden wir dadurch zu unserer Arbeit erneuert und gekräftigt. Wir feiern zu viel Vergangenes. Wenn man unsere Zeit reden hört, möchte man manchmal sagen: «Weniger Luther, weniger Gustav-Adolf, mehr Christus.»

Ich würde es nicht wagen zu sagen, daß wir zuviel Reformatorenkult in unserer Zeit treiben, wenn nicht das Wort Christi wäre vom nicht Zurückschauen, und wenn er nicht in seiner harten Weise zu dem Manne, der zuerst seinen Vater begraben wollte, gesagt hätte: «Laß die Toten ihre Toten begraben, und täusche dich nicht mit der Pietät über die wahre Pflicht dieses Augenblicks hinweg.» Ein Mönch schrieb unlängst ein ungerechtes, schmähsüchtiges Werk über Luther*, und nun bringt fast jede Woche eine Schrift zur Verteidigung Luthers, als wäre dies die Aufgabe des Protestantismus. Warum? Braucht er's? Laß die Toten ihre Toten begraben! – und laß die Zeit vorüber sein, wo die Engel wider den Teufel für einen Leichnam stritten: Laßt ihm den Leichnam, der Geist lebt ja. Es ist an der Zeit, Größeres zu tun, als Pietät zu üben!

Fühlt ihr nicht selbst, daß es wirklich Selbstbetrug ist, wenn unsere Zeit auf gewisse Dinge so großen Wert legt und meint, weil sie uns von unserem natürlichen

* Albert Schweitzer spielt hier auf das Werk von H. Denifle O. P., «Luther und Luthertum in der ersten Entwicklung» an, das 1904 erschienen war und große Erregung sowie zahlreiche Gegenschriften hervorgerufen hatte.

Gefühl diktiert sind, seien sie für das Reich Gottes zeitgemäß? Siehe, es ist nur das «Laß zuvor», das der Herr mit einem ungeduldigen Wort abschneiden würde. Es ist, als wenn wir sagten: «Laß uns zuvor uns mit dem Katholizismus auseinandersetzen und dann, wenn der Protestantismus stark geworden ist, gegen seine Widersacher, dann soll's vorwärts gehen!» Oder: «Laß uns zuvor das Christentum gegen die Angriffe der Wissenschaft rechtfertigen.» Oder: «Laß uns zuvor die modernen Formen finden, für den alten Glauben den modernen Geist, sich mit dem Evangelium auszusöhnen, dann an die neuen Aufgaben gehen.» Oder: «Laß uns zuvor neue Organisationen schaffen, die protestantischen Kirchen miteinander aussöhnen und untereinander verbinden, dann soll eine neue Zeit für das Evangelium kommen.» – Und siehe, über diesen zeitgemäßen Aufgaben vergessen wir die unzeitgemäßen, über der Zeit die Zukunft . . ., aber das Reich Gottes ist unzeitgemäße Arbeit an der Zukunft. –

Wer von uns darf unsere ehrbare, brave Zeit richten, ohne sich selbst zu verurteilen? Wir alle arbeiten ja an diesem zeitgemäßen «Laß zuvor». Was uns fehlt, das sind die Männer, die groß genug sind, um unsere Zeit in ihren ehrbaren Bestrebungen richten zu dürfen, die das Recht haben, ungerecht zu sein gegen uns. Es fehlen die großen Männer des Advents. Aber die Welt richtet und höhnt. Kann sie noch so ungerecht sein, zuletzt müssen wir doch stille halten und uns demütigen, denn in dem einen hat sie recht: *Das Christentum ist keine Kraft in unserer Zeit und weil es keine Kraft ist, ist es gerichtet.* Wohl wird das Wort Gottes gepredigt und in der Schrift verbreitet, aber das Evangelium ist wie ein herrlicher Samen, der allenthalben in der Luft herumfliegt, allenthalben niederfällt und nirgends aufgeht, weil keine Menschen da sind, die Furchen ziehen. So kommen die Vögel des Himmels und fressen ihn auf, und er geht der Welt verloren.

Wir müssen werden wie die, so pflügen. *Das erste beim Pflügen ist hoffen.* Was wäre der, der im Herbst die Furchen zieht, wenn er nicht auf den Frühling hoffte! So können auch wir nichts tun ohne Hoffnung, ohne die gewisse, innere Hoffnung, daß eine neue Zeit im Anbrechen begriffen ist. Hoffen ist Kraft. Es ist so viel Energie in der Welt als Hoffnung drin ist, und wenn nur ein paar Menschen miteinander hoffen, dann wirkt um sie eine Kraft, die nichts niederhalten kann, sondern die sich ausdehnt auf die andern.

Das zweite am Pflügen ist das Schweigen. Wir müssen lernen, daß unser Reden, unser Beschlüssefassen kraftlos ist, und daß die bescheidene stille Arbeit am Reiche Gottes an der Zeit ist! –

Das dritte am Pflügen ist allein arbeiten. Wir erwarten alles Heil von Zusammenschlüssen, Kongressen, organisiertem Zusammenwirken und täuschen uns damit; die weihevollste Arbeit können wir nur allein verrichten und wir müssen gerade lernen, etwas für uns allein zu tun! Und auch wenn mehrere im Feld pflügen, geht jeder allein hinter *seinem Pfluge,* und sie sprechen sich nicht, sondern sehen sich nur und fühlen sich nahe und verbunden.

Hoffen, schweigen, allein wirken, das müssen wir lernen, wenn wir wirklich im wahren Geist *Arbeit tun wollen.* Aber worin besteht denn das Pflügen? – Der Pflüger zieht nicht den Pflug, er schiebt ihn auch nicht, sondern er gibt ihm nur die Richtung. So bewegen sich auch die Ereignisse unseres Lebens; *und wir können nichts tun, als die gerade Richtung halten, die Richtung auf unsern Herrn Jesus Christ, daß wir in allem, was wir erleben und tun, ihm zustreben. Ihm zustreben, dann zieht sich die Furche von selbst.*

Das müssen die Menschen an uns fühlen, wenn eine Kraft des Christentums von uns ausgehen soll, daß wir in allem, was uns begegnet, in allem, was wir tun, Ihn suchen, daß nicht die natürliche Richtung der Dinge unser Leben beherrscht, sondern daß wir eine gerade Linie drin ziehen.

Als Knabe wollte ich pflügen lernen. Ich glaubte, es sei leicht, man brauche sich nur an den Handgriffen zu halten, um den Pflug zu regieren. Da mußte ich erfahren, damit es eine Furche gebe, müsse man sich mit der ganzen Schwere des Körpers auf den Pflug legen. Im Leben habe ich seither wieder erfahren, daß alles nichts nützt und keine Furche zustande kommt, wenn wir nicht unsere ganze Schwere aufwenden, das heißt, wenn wir uns das Leben nicht schwer machen. Ich empfinde sie als Verantwortlichkeit Jesu gegenüber. Ich möchte, daß man es an uns spürte, daß wir das Leben schwer nehmen und in jedem Augenblick unserem Herrn gegenüber uns verantwortlich fühlen für das, was unser Dasein für die Menschen, mit denen wir zusammen sind, und was es für das Kommen des Reiches Gottes in unserer Umgebung bedeutet. Und in dieser Verantwortung ist nicht etwas Niedergeschlagenes, sondern etwas Freudiges, etwas, das stark macht. Sie müssen an uns fühlen, daß wir ringen und kämpfen um so zu sein, daß wir unserm Herrn in der Welt würdiglich dienen, damit sie, wenn wir stark sind, von dem Wehen einer höheren Welt in uns berührt werden und wenn wir schwach sind, um unseretwillen den Christennamen nicht lästern, weil sie wissen, daß wir kämpfen. Denn das Christentum, weil sein Ziel so hoch ist, braucht Nachsicht in der Welt und diese Nachsicht erfährt es nur, wenn ein ernstes Kämpfen an uns verspürt wird!

Es ist etwas ganz Merkwürdiges mit diesem «das Leben schwer nehmen». Der sich auf den Pflug legt, sieht wie eine grüne Welle unter der Schar hervorfluten und sich verwerfen, und durch einen einfachen Druck hat er all das Unkraut, das die Erde vor ihm bedeckt, unter der Scholle begraben, das er sonst nicht hätte ausrotten können. Ein Dutzend Menschen könnten den Acker kaum in einem Tage säubern und der, der hinter dem Pfluge geht, tut es in wenigen Stunden! – So verwerfen sich auch für die, welche das Leben schwer nehmen, die mannigfachen Versuchungen, denen sie auf dem Wege begegnen, und sie haben es leichter als die andern Menschen, gerade weil sie sich's schwer machen, um eine Furche für Jesus zu ziehen. Und wo sie durchgehen, da reinigen und läutern sie und helfen andern kämpfen. *Denn schwer ist der Kampf nur für die, die kein Ziel haben, das ihnen das Leben schwer macht.*

In der Sprache der Welt sagt man von einem Menschen, der etwas geleistet hat: Er hat eine Spur hinterlassen. Es weiß von ihm, dieser, jener, was er geleistet hat. Unser Herr Jesus setzt uns ein anderes Ziel: *Eine Furche ziehen, das heißt, etwas Segensreiches tun, das verschwindet.* Wenn die Ähren auf dem Felde wogen, wer sieht noch die Furchen? Und wer dieses goldwogende Meer überschaut, wer weiß die Namen derer, die

die Furchen gezogen haben? Aber sie waren da unter trübem Herbsthimmel, da der Sturm brauste und die Wolken sich am Himmel dahinschoben und zogen ihre Furchen von Hoffnung!

So wollen auch wir still und klein werden und auf den Herrn schauend eine Furche ziehen, indem wir das Leben schwer nehmen. Ob dann so die Erde zu einer neuen Saat bereitet wird? – Und wenn wir nicht mehr sind, [ob dann] unsere Furche verweht ist von dem Leben, das daraus sproßt?

PREDIGT ZUM MISSIONSFEST

Sonntag, den 6. Januar 1905
Morgenpredigt zu St. Nicolai

Mk. 1,17: Und Jesus sprach zu ihnen: Folget mir nach; ich will euch zu Menschenfischern machen.

Zu dieser Zeit feierte man in der alten Kirche das Epiphanienfest, das Fest der Erscheinung Christi. Es war das älteste und ehrwürdigste Fest und wurde erst später durch das Weihnachtsfest überstrahlt, bis es zuletzt allen Glanz verlor. Man feierte die Offenbarwerdung der Herrlichkeit Christi auf Erden, seine Offenbarwerdung als Heiland.

In unserm Land hat man das Missionsfest in diese Zeit gelegt, und mit Recht. Freilich, ein eigentliches Fest ist es nicht. Denn Feste feiert man zur Erinnerung an etwas Großes, was in der Vergangenheit geschehen. Hier aber zählt das, was geschehen ist, nicht, denn es ist noch fast alles zu tun. Und von einer besonders feierlichen Versammlung ist heute in unsern Kirchen auch wenig zu merken, es wird einem gewöhnlichen Sonntag gleich geachtet.

Und doch ist es ein Fest. Anders zwar als die lärmenden Gedächtnisfeste, an denen unsere Zeit übergenug hat, wo man die Vergangenheit in den Himmel erhebt und dann allesamt wieder in die nüchterne Alltäglichkeit zurückfällt, wenn man den Kopf von hinten nach vorne dreht, sondern ein Fest, wo wir nach vorne schauen und uns nicht Vergangenheit, sondern Gegenwart und Zukunft ins Gedächtnis rufen und uns geschickt machen, mitzuhelfen an etwas, das werden muß.

Ihr macht euch ebenso wenig wie ich eine Illusion darüber, daß die Mission unpopulär ist. Auch sonst rechtlich und gut denkende Menschen wollen davon nichts wissen. Ich hörte unlängst einen Herrn in Paris, der sehr viel Gutes tut, zu einer Dame, die für ein Werk sammelte bei ihm, sagen: Kommen Sie immer, Sie werden stets eine offene Tür und eine offene Hand finden. Nur verlangen Sie mir nie etwas für die Mission. Sie bekommen von mir keinen Centime, denn das ist zum Fenster hinausgeworfenes Geld.

Vielleicht sind auch unter euch solche, die bei sich nicht allzuviel von der Mission halten und noch in kein richtiges Verhältnis zu ihr gekommen sind.

Ich selbst hatte in den letzten Jahren so und so viel Streit- und Kampfgespräche über die Mission, zu Wasser und zu Lande, auf der Straße und in der Bahn, im Berg und in der Ebene, mit Freunden und Fremden, da ich prinzipiell nie erlaubte, daß in meiner Gegenwart etwas Gedankenloses über Mission gesagt wurde, so daß ich so ziemlich orientiert bin, was die Menschen gegen die Mission haben.

Was ich meinerseits für die Mission zu antworten habe, möchte ich euch in einigen Worten sagen, damit ich vielleicht dem einen oder andern Vorurteil bei euch begegne, besonders aber damit ihr zu antworten wißt, wenn in eurer Gegenwart gegen die Mission geredet wird. Und wenn ein Prediger, der Sonntag für Sonntag seine Gedanken und sein Herz gibt, ein Recht hat, etwas von euch zu erbitten, so möchte ich euch eines bitten, daß ihr in eurer Gegenwart kein gedankenloses Reden und Schelten über die Mission zulaßt, nichts durchgehen laßt, ohne darauf zu antworten.

Das erste, was man immer hört, ist: Man solle doch die Leute bei ihrer Religion belassen, ihnen den Glauben, in dem sie bisher glücklich waren, nicht nehmen, wodurch nur Unruhe angestiftet würde. Worauf ich antworte, daß die Mission an sich und für mich gar nicht in erster Linie eine ausschließliche Sache der Religion ist. Weit entfernt. Sie ist zuerst eine Aufgabe der Menschlichkeit, die aber unsere Staaten und Völker nicht erkannt, geschweige denn in Angriff genommen haben, die dann die religiösen Menschen, die einfachen, beschränkten Geister, im Namen Jesu auf sich genommen haben.

An was denken unsere Völker und Staaten, wenn sie den Blick übersMeer richten? An Länder, die sie sogenannt unter ihre «Schutzherrschaft» nehmen, oder die sie sonst auf eine Weise an sich bringen; was sie aus dem Lande ziehen können, immer nur ihren Vorteil: Aber wie sie jene Menschen zu Menschen machen, wie sie sie zur Arbeit und zur Gesittung erziehen, wie sie sie dahin bringen, daß sie unter der Kultur, mit der sie in Berührung kommen, nicht zugrunde gehen, daran denken sie nicht. Unsere Staaten, die vielgerühmten Kulturstaaten sind's draußen nicht, sondern nur Raubstaaten. Und wo sind in diesen Kulturstaaten die Menschen, die diese langwierige, selbstlose Arbeit unternehmen, jene Völker zu erziehen und ihnen die Segnungen unserer Kultur zu bringen? Wo sind die Arbeiter, die Handwerker, die Lehrer, die Gelehrten, die Ärzte, die dort, um an dieser Kulturaufgabe zu arbeiten, in diese Länder ziehen? Wo macht unsere Gesellschaft eine Anstrengung in dieser Hinsicht? Nichts und wieder nichts! Ein paar arme beschränkte St... haben das Werk einst unternommen, um das unsere Gesellschaft als solche sich hätte reißen sollen; sie haben der vornehmen, großsprecherischen Kultur ihren Ruhmeskranz genommen. Sie haben Jahrzehnte lang dort gewirkt als Menschen, nur an der Hebung der Menschen arbeitend, ohne vorerst auch nur daran denken zu können, ihnen ihre Religion begreiflich zu machen.

Warum? Weil Jünger Jesu zu sein die einzige wahre Kultur ist, für die der Mensch immer als Mensch da ist, als jemand, der ein Recht auf unsere Hilfe und Aufopferung hat. Unsere Kultur aber kennt zwei Menschenklassen: Die Kulturmenschen, die sie sind, und die andern, die nur Menschengestalt haben, aber zugrundegehen können und vertieren können, ohne daß es darauf ankommt.

O, diese vornehme Kultur, die so erbaulich von Menschenwürde und Menschenrechten zu reden weiß, und die diese Menschenrechte und Menschenwürde an Millionen und Millionen mißachtet und mit Füßen tritt, nur weil sie über dem Meere wohnen, eine andere Hautfarbe haben, sich nicht helfen können; diese Kultur, die nicht weiß, wie hohl und erbärmlich, wie phrasenhaft und gemein sie vor denjenigen steht, die ihr über die Meere nachgehen und sehen, was sie dort leistet, und die kein Recht hat, von Menschenwürde und Menschenrechten zu reden.

Bis sie selbst ihre Aufgaben erkannt hat, bis sie etwas dafür getan hat, soll aber keiner auch nur ein Wort gegen die Mission reden, die so gut sie es konnte, weil die wahre Religion zugleich die wahre Menschlichkeit ist, für unsere Kultur, für unsere Kulturstaaten, für unsere Gesellschaft in die Lücke trat, und an den Menschen tat, was sie hätten tun müssen.

Wenn mich jemand fragte, warum ich das Christentum für die höchste und einzige Religion halte, würde ich alles, was man so gelernt hat über das Verhältnis und die Rangordnung der Religionen und wie man die Vorzüge der besten herausfindet, getrost hinter den Ofen werfen und nur das eine sagen: Weil in dem ersten Befehl, den der Herr auf Erden gegeben hat, nur *das eine Wort «Mensch»* vorkommt. Er redet nicht von der Religion, vom Glauben, von der Seele oder sonst etwas, sondern einzig von Menschen. *Ich will euch zu Menschenfischern machen.* Da ist's, als sagte er es allen kommenden Jahrhunderten: Aufs erste gebt mir acht, daß mir der Mensch nicht zugrunde geht. Geht ihm nach, wie ich ihm nachgegangen bin und findet ihn da, wo die andern ihn nicht mehr finden, im Schmutz, in der Vertiertheit, in der Verachtung, und tut euch zu ihm und helft ihm, bis er wieder ein Mensch ist.

Er hat Religion und Menschlichkeit so zusammengeschweißt, daß es keine Religion mehr gibt, daß sie für ihn nicht existiert ohne die wahre Menschlichkeit, und daß die Aufgaben der wahren Menschlichkeit nicht gehört werden können ohne Religion.

Diese menschliche Würdigung der Mission muß sich durchsetzen, und ihr müßt reden und arbeiten, daß es sich durchsetze.

Dann sind zugleich eine Fülle von Einwänden erledigt.

Man sagt, es ist hier noch so viel zu tun, man wolle

mit der Mission warten, bis hier alles getan sei. Es seien auch hier noch genug Heiden zu bekehren. – Da will ich doch einmal warten, bis wir so viel Kräfte und Menschen an die Mission abgegeben haben, daß wir es spüren. Mir sagte ein Herr einmal: Wir brauchen Geld zu notwendigen guten Zwecken hier; ich gebe nichts für Mission. Da ich ihn gut kannte, fragte ich ihn: Ob er denn mehr für die guten Werke um ihn gebe, weil er nichts für Mission gebe, und wie viel er denn für gute Werke jährlich gebe? Darauf gingen wir weiter und er schwieg. Ich auch. Aber seither bekommt die Mission Geld von ihm.

Was aber antworten, wenn sie sagen, die Mission ist ein erfolgloses Werk? Sie verschlingt Geld und Menschen umsonst? Nun könnte man viel von den Erfolgen der Mission reden: Was sie aus dem großen Seengebiet Zentralafrikas gemacht hat, was sie auf den Südseeinseln geschaffen hat, die Hunderte und Aberhunderte von stillen, arbeitsamen Dörfern, die sie geschaffen hat, das Blutvergießen, dem sie ein Ende gesetzt, und noch viel anderes mehr. Aber nein. Denn die Mission arbeitet, ohne sich um den Erfolg zu kümmern. Sie tut es, weil sie muß, aus diesem Muß heraus, welches das Wesen aller Dinge ist, wo Jesu Geist drin ist. Der natürliche Mensch in den natürlichen Dingen berechnet den Erfolg, und wenn er dessen sicher ist, unternimmt er die Sache. In dem, was in Jesu Namen getan wird, berechnet man nur das Muß, jenes geheimnisvolle «Muß», das in seinem Munde immer wiederkehrt, wo er von dem Todeslose des Menschensohnes redet, und je geringer der ausgerechnete Erfolg, desto größer ist das ausgerechnete «Muß».

Darum nur nicht gespart mit Mitteln und Menschenexistenzen, es geht nichts verloren und wenn es im Meere und in der Wüste begraben ist, denn es ist durch den Tod Jesu geheiligt. Dieser Tod hat dem Wörtlein «umsonst» die Macht genommen. Als er gestorben war, konnten sie sagen: Dieser Mensch hat sich aufgezehrt und umsonst gelebt – und doch kam aus dem Tode die Kraft. Und die heilige tausendfältige Frucht trägt alles, was in seiner Nachfolge «umsonst» getan wird.

Zuletzt ist die Mission nur eine Sühne für die Gewalttaten, die die dem Namen nach christlichen Nationen draußen begehen. Ich will nicht aufzählen, was sie alles draußen begangen haben, wie sie unter dem Vorwand des Rechts den Eingeborenen ihr Land genommen haben, wie sie sie zu Sklaven gemacht haben, wie sie den Abschaum der Menschheit auf sie losgelassen haben, was für Greueltaten begangen worden sind, wie wir sie mit Branntwein und allem andern systematisch ruinieren. Was haben wir, das Deutsche Reich, in Südwestafrika getan, um diese Empörung heraufzubeschwören? Was tun wir jetzt? Nachdem wir sie aufgerieben haben: Mit einem Federstrich nehmen wir ihnen ihr Land, daß sie nichts mehr haben. –

Ich will davon nicht reden, denn ich höre dann immer: Ja, das geht nun nicht anders; in der Welt herrscht die Macht. –

Nun gut, wenn aber diese Vergewaltigung und all die Schuld und Sünde und Schande unter den Augen des deutschen Gottes, oder des amerikanischen Gottes, oder des englischen Gottes begangen wird, und unsere Staaten sich nicht bemüßigt fühlen, zuerst die Bezeichnung «christlich» abzulegen – so ist der Name Jesu geschändet und gelästert, und das Christentum unserer Staaten ist geschändet und gelästert vor jenen armen Menschen; der Name Jesu ist zum Fluche geworden, unser Christentum, dein eigenes, zur Lüge und Schande, wenn das nicht dort, wo es begangen, gesühnt wird, und nicht für jeden Gewalttätigen im Namen Jesu, ein Helfer im Namen Jesu kommt, für jeden, der etwas raubt, einer, der etwas bringt, für jeden, der flucht, einen, der segnet. –

An die 15000 haben wir ausgesandt in zwei Jahren als die Streiter des christlichen deutschen Reiches unter den Schwarzen; gegen 1500 starben. Wann werden wir, das christliche Deutschland, an die 15000 Streiter für Jesus den Herrn der Menschlichkeit dort hinaus geschickt haben? Wann werden 1500 mit derselben Aufopferung für ihn gestorben sein? Dann ist die christliche Bezeichnung unseres Staates ein bißchen gesühnt.

Es war Mitte der 90er Jahre. Prof. Lucius, der edle, leider so früh dahingeraffte Missionsfreund, las über Geschichte der Mission im Sommer von 3–4 Uhr. Es war sehr heiß, und er hatte kaum ein halbes Dutzend Hörer. Da hörte ich zum ersten Male diesen Gedanken der Sühne. Es war so merkwürdig. In der Dogmatik und in der neutestamentlichen Auslegung war's ein so schweres Wort, wenn man erklären sollte, warum nun Jesus für die Sünden der Welt gestorben war. Es war alles so unlebendig, was einem darüber gesagt wurde, und man hörte es denen, die es einen lehren sollten, an, daß sie selbst nicht ganz klar sahen. Und hier nun, als eine Aufgabe für uns in Jesu Namen, war das Wort etwas so Lebendiges, etwas das schrie und rief, das man verstehen und fassen konnte – und von jenem Tag an verstand ich das Christentum besser und wußte, warum wir Mission treiben müssen.

Und wenn ihr nun auch Mission predigt, dann predigt, daß wir sühnen müssen, alles Grauenhafte, was wir in den Zeitungen lesen, alles Grauenhafte – und das ist noch schlimmer – was wir nicht darin lesen, was der Urwald mit Nacht und Schweigen zudeckt – dann predigt ihr Christentum und Mission zugleich. – Und ich bitte euch, daß ihr's predigt.

JESUS AUF DEM MEERE WANDELND

Sonntag, den 19. November 1905
Morgenpredigt zu St. Nicolai

Matth. 14,22-32: Und alsbald trieb Jesus seine Jünger, daß sie in das Schiff traten und vor ihm herüberfuhren, bis er das Volk von sich ließe. Und da er das Volk von sich gelassen hatte, stieg er auf einen Berg allein, daß er betete. Und am Abend war er allein daselbst. Und das Schiff war schon mitten auf dem Meer und litt Not von den Wellen; denn der Wind war ihnen zuwider. Aber in der vierten Nachtwache kam Jesus zu ihnen und ging auf dem Meer. Und da ihn die Jünger sahen auf dem Meer gehen, erschraken sie und sprachen: Es ist ein Gespenst und schrien vor Furcht. Aber alsbald redete Jesus mit ihnen und sprach: Seid getrost, ich bin's; fürchtet euch nicht! Petrus aber antwortete ihm und sprach: Herr, bist du es, so heiß mich zu dir kommen auf dem Wasser. Und er sprach: Komm her! Und Petrus trat aus dem Schiff und ging auf dem Wasser, daß er zu Jesu käme. Er sah aber einen starken Wind; da erschrak er und hob an zu sinken, schrie und sprach: Herr, hilf mir! Jesus aber reckte alsbald die Hand aus und ergriff ihn und sprach zu ihm: O du Kleingläubiger, warum zweifeltest du? Und sie traten in das Schiff, und der Wind legte sich.

Ihr wißt, daß die eben erwähnte Erzählung nur ein Gleichnis ist. Denn wenn ihr den Herrn Jesus und seine Art kennt, ist euch nicht verborgen, wie sehr er sich davor fürchtete, durch äußere Zeichen auf die Menschen Eindruck zu machen und daß es ihm klein vorgekommen wäre, seine geistige Herrlichkeit also zu offenbaren. Und wenn unter uns auch solche sind, die aus Respekt vor dem Buchstaben der Schrift daran festhalten zu müssen glauben, daß Jesus wirklich auf dem Meere als auf dem festen Sand gewandelt und daß Petrus dergleichen getan, so stimmen sie doch mit uns darin überein, daß sie die Hauptbedeutung dessen, was dort geschehen, nicht darin suchen, daß es dort einmal so geschehen, sondern in der geistigen, ewigen Bedeutung, die das erzählte Gleichnis oder Wunder für uns hat. Von dieser geistigen Bedeutung laßt uns reden.

Die Jünger fragen sich, ob es der lebendige Jesus sei oder ein Gespenst. Warum? Weil sie so von ihm getrennt sind, daß er nicht zu ihnen kommen kann leibhaftig und sie nicht zu ihm. Sie waren schon einmal von ihm getrennt bei der Aussendung. Aber das wußten sie jeden Augenblick, daß ihr Fuß sie zu ihm zurückbringen konnte, und sie hatten keine Zweifel und Sorge. Jetzt aber liegt das Wasser und das Dunkel der Nacht zwischen ihnen, und die Strömung und der Sturm treiben sie zurück, daß sie nicht zu ihm kommen können. So erschrecken sie und meinen, die Gestalt, die im Dunkeln ganz nahe vor ihnen aufsteigt, sei ein Gespenst.

Diese Jünger sind wir. Eine Zeit, da wir ihn neben uns fühlten, ihm jederzeit die Hand geben konnten, liegt hinter uns: Die Zeit der unbefangenen Kindheit. Wir sind ins Leben hinausgetrieben und sehen, was zwischen ihm und uns liegt: Jahrhunderte trennen uns. Das Dunkel zweier Jahrtausende liegt zwischen ihm und uns, und was uns noch mehr hindert: Die Strömung unserer Zeit ist gegen ihn und treibt uns zurück.

Habt ihr nicht das Gefühl, als ob die Menschheit unserer Tage von ihm abgetrieben würde? Was haben wir nur in den letzten zehn Jahren an Zurückgehen des kirchlichen Lebens bemerkt! Wo ist die lebendige Kirche, in der wir Jesus lebendig im Geiste wirkend finden möchten, so daß wir sagen möchten: Hier ist er, hier wollen wir bleiben! Der Strom der Zeit und der Strom der Ideen ist über das Christentum Herr geworden und reißt es mit fort. Es ist nicht mehr ideale, geistige Macht, welche unserer Gesittung und Bildung die Weihe gibt und unserer Zeit die großen Aufgaben zeigt und lösen hilft. Wenn es noch eine Rolle im öffentlichen Leben spielt, so besteht sie in politischen Ansprüchen und in dem Verklagen der Konfessionen wider einander vor dem Richterstuhl der Machthaber und der öffentlichen Meinung. Und doch wird unsere Zeit mit Jesus nicht fertig. Die Strömung mag sie noch so weit vom Gestade wegtreiben, auf welchem er wandelte: Immer taucht er wieder vor ihr auf. Ein Gespenst! sagen sie. Ein Mensch, von dem seine Jünger sagten, er sei auferstanden und der nun nicht sterben kann, sondern als ein Gespenst umgeht. Ein Gespenst! Sie sagen es äußerlich mit Hohn, innerlich mit einer geheimen Angst, daß er Macht über die Welt und sie gewinne und das Treiben, woran sie Gefallen haben, ein Ende nehme. Ein Gespenst! Sie sagen es mit Haß, weil sie durch das, was die christliche Religion in dem Leben unserer Zeit ist, an ihm irre geworden sind und in ihm nur den erblicken, der, ohne geistiges

Leben in unserer Zeit schaffen zu können, das geistige Leben aufhält. Ein Gespenst, nur ein Gespenst! Sie sagen es mit Wehmut, denn sie ahnen es, daß er unserer Zeit die Hilfe und die Güter bringen könnte, deren sie bedarf: Er allein, und sie denken bei sich: Wenn er lebendig wäre, und ihr helfen könnte. Wenn er nicht nur eine Idealgestalt wäre, die nichts mehr über die Welt vermag! –

So treibt unsere Welt von ihm ab und kann nicht glauben, daß er etwas Lebendiges ist. Und er allein könnte ihr helfen! Und uns reißt sie mit sich! Wir suchen den lebendigen Jesus in seinem Wirken an unserer Zeit und finden ihn nicht. Es ist uns manchmal zu Mute wie solchen, die aus dem Traum erwachen und eine Anstrengung machen, um sich klarzuwerden, ob das, was sie vor sich haben, Traum oder Wirklichkeit ist. Ist das nicht Traum, Chimäre, Einbildung, etwas, das wir glauben, weil wir es gelernt haben, daß Jesus der lebendige Herr unserer und aller Zeiten ist? Wie werden wir dessen gewiß, daß nichts uns daran irre machen kann? Und wir stellen die Frage nicht nur, weil wir ihn in der Welt machtlos sehen, sondern weil auch jene, unsere eigenste Welt, unser Leben von seiner Macht nicht berührt ist. Wir fühlen alle, daß unser Leben erst dann wahrhaftiges Leben ist, wenn etwas Größeres, als wir sind, in dasselbe hineinragt, und daß jenes Größere nur «Er» sein kann. Es kommen Augenblicke, wo wir meinen, wir müssen ihn herbeizwingen können, daß er uns helfe: Die Augenblicke, wo wir zu ertrinken meinen, wo wir ihn sehen, ohne daß er zu uns tritt, um uns zu helfen, wo wir dann mit Petrus rufen: «Herr, bist du es».

Für den einen sind es die Stürme der Gedanken, die

sein Inneres aufwirbeln, wo man ihm äußerlich nichts ansieht. Er sucht nach Richtung, Halt, Kraft und Freudigkeit für sein Leben. Die Güter, die ihm das geben sollten, haben ihren Wert für ihn verloren, und er sucht nach einem Lebensinhalt. Er fühlt, wie er abtreibt, nicht innerlich wird, sondern am Gestade der Einöde als ein erstorbener Mensch landen wird, – wenn Jesus ihn nicht rettet. Ein anderer kämpft in Versuchung und weiß, er siegt nicht, wenn jener Jesus nicht lebendig ist und ihn bei der Hand faßt. Ein anderer muß mit etwas fertig werden, das ihm das Leben genommen hat, mit etwas, was er dahingeben mußte, er muß über eine Verzweiflung hinwegkommen, und er weiß, er findet keinen Trost und Frieden, wenn jener Jesus nicht lebendig ist und zu ihm kommt.

So bringt das Leben jedem seine Stunde, wo seine Sorgen, angelerntes Glauben von ihm abfällt und er in Wahrheit fromm wird durch die versucherische Frage an ihn: Wenn du wirklich lebendig bist, wenn du nicht ein Name, eine Idee bist, die die Menschheit Jahrhunderte lang nach sich gezogen hat, komm und hilf mir! –

Sie werden euch sagen, und ihr wißt es von euch: Jesus kommt nicht! Er kam ebensowenig wie dort zu den Jüngern, die mit Wind und Sturm kämpften, sondern ließ euch ringen und weiter verzweifeln.

Hier steht es aber im Gleichnis, daß Jesus einen Menschen bei der Hand faßte und ihn rettete! Nun leset aber noch, welches die Frage war, die dieser Mensch an ihn stellte! – «Herr, bist du es, so heiß mich zu dir kommen auf dem Wasser.» Und Jesus sagte nicht: Das ist vermessen, sondern er antwortete einfach: *«Komm her!»* Dieses «Komm her» spricht er nicht nur in diesem

Gleichnis, es steht auch in dem Wort, wo er den Mühseligen und Beladenen Trost und Erquickung verheißt, da sagt er: «Kommet her zu mir alle, die ihr mühselig und beladen seid!» – Auf die Frage: Bist du es? antwortet er: Komm, komm grad auf mich zu, über das Wasser! –

Es ist nicht erquickend in unserer zweifelnden und gleichgültigen Zeit Pfarrer zu sein. Man möchte den Menschen unserer Tage geistig etwas geben, ihnen Jesus bringen und kann es nicht. Sie will, daß man ihr ihre Zweifel ausrede und will keine Anstrengung machen. Und wenn die Verkündigung des Evangeliums darin bestände, Zweifel auszureden, eine Lehre zu verteidigen, so wäre Prediger sein das traurigste und erfolgloseste Amt, wie wenn man Leute reich machen wollte, indem man ihnen auf dem Papier vorrechnete. Aber es ist so ganz anders, so viel schöner, denn die Verkündigung besteht in etwas ganz anderem. Sie lautet: *Bleibt nicht stehen, sondern gehet auf ihn zu.* Und dieses Evangelium darf man freudig und gewiß verkündigen; *denn die, welche ihn ernstlich suchen und sich aufmachen, auf ihn zuzugehen, müssen ihn finden, sie können nicht anders.* Niemand kann euch helfen als ihr selbst. Schau nicht vor dich und nicht hinter dich. Hör nicht, was sie sagen und lehren, sondern den Blick auf ihn gerichtet schreite auf ihn zu. Bleib nicht stehen, sondern suche deinen Weg zu ihm. Schau nicht, ob dieser Weg sicher oder gangbar ist, ein Weg für den natürlichen Menschen gebahnt, *sondern schau nur, ob er gerade auf Jesus führt.* Petrus kann nun zu ihm kommen, indem er alle menschlichen Erwägungen beiseite läßt. Wir aber lassen uns durch menschliche Erwägungen zurückhalten. Nur der ist geschickt, den Weg zu gehen, der weiß, daß Jesus mehr für ihn ist als alles, was ihm das Leben bringen konnte. Nur für *den* Menschen ist der Lebensweg der Weg zum lebendigen Jesus, der ihn geht mit der inneren Gewißheit, daß alles, was kommt, das Gute und das Traurige, die Schwachheit und die Kraft, alles Schwere, kommen muß und nur das eine über ihn vermögen und vermögen sollen: Ihn die Hand des lebendigen Jesus erfassen zu lassen. Es muß einer mit der gewöhnlichen Betrachtungsweise des Lebens fertig sein, ehe er geschickt ist, über die Untiefen zu wandeln, die ihn von Jesus trennen und wo der Mensch, mit den natürlichen Gedanken beschwert, nicht den Mut hat und einsinken würde. Was gab dem Petrus die Kraft, auf den sturmbewegten Wogen als auf festem Sande zu wandeln? Der Wille zu Jesus zu kommen. Und wenn ihr diesen Willen habt und wenn ihr dies eine, aber nur dies eine, innerlich von dem Leben fordert, daß es euch zu Jesus bringe, dann herrscht ihr über das Leben, und seine natürlichen Gesetze und Gewalten haben keine Macht über euch.

Das ist keine Theorie, sondern Leben; denn bei jedem Schritt fühlst du, wie du ihm näher kommst. Ein Mensch tut nichts um des Herrn willen, ohne daß er fühlt, daß er es für einen lebendigen Herrn getan. Willst du an Jesus glauben, so tu etwas für ihn. Es gibt für unsere zweifelnde Zeit keinen andern Weg zu ihm. Und wenn du nur das Geringste um seinetwillen getan einem Menschen, indem du innerlich seinen Namen nanntest, um dich zur Liebe zu zwingen, mit einem Stück Brot oder einem Schluck Wasser oder einem Kleid geholfen, jene geringsten Dinge, worauf er seinen Segen zu legen versprach, als wären sie ihm getan, so wirst du sehen, daß du es wirklich ihm getan hast; denn er wird als ein Lebendiger dir näher rücken.

Ich darf von den kleinen Dingen reden, weil Jesus ausdrücklich gesagt hat, daß er den Segen seiner lebendigen Gegenwart auch auf sie legt, als wüßte er, daß er den Menschen Mut machen muß, den Weg zu ihm zu beschreiten. Du zwingst dich zu nichts um seinetwillen, ohne daß du ihn wie durch ein Zauberwort in deine Nähe bannst.

Du willst ungeduldig werden, weil dich ein Mensch eine Viertelstunde beansprucht und braucht, die du für dich haben wolltest, und du zwingst dich, sie ihm um Jesu willen zu geben. Da ist's wie manchmal, wenn wir das Gefühl haben, daß jemand hinter uns steht und uns anschaut. Du weißt, daß Jesus lebendig ist, weil er dir etwas genommen hat: Tote nehmen nichts. Siehe, alle geheimen «Um seinetwillen», die kleinen und die leichten wie die großen und die schweren sind der Weg zu ihm. Kein Mensch kann dir sagen, wie er nun sein wird, dein Weg, welches die «Um seinetwillen» sind, mit denen dich der Herr auf ihn zukommen heißt. Für die einen die, für die andern jene.

Vor einigen Wochen hörte ich jemand sagen: Es sind Menschen, die zum Tun, andere, die zum Leiden geboren sind. Es war der Satz eines resignierten Menschen. Bei ihm erklärte sich das Wort: Es gibt Menschen, von denen Jesus das Tun, andere von denen er das Leiden um seinetwillen verlangt; wenn sie nur bereit sind, es ihm zu geben, daß sie zu ihm kommen! –

Keiner, der zu ihm will, kann zugrunde gehen. Denn in dem Augenblick, wo Petrus versank und schrie: Herr hilf mir, ergriff ihn Jesus bei der Hand! – Und er war bei ihm gerettet und geborgen. Wie der Sturm sich legte, wird nicht erzählt, es ist von keiner Beschwörung die Rede, die Jesus angewandt hat. Nur daß er sich gelegt hat, wird erzählt. Wenn der Mensch Jesus gefunden hat, legen sich alle Stürme.

Und was für ein lebendiger Mensch ist Jesus? – Sucht nicht nach Formeln, ihn begreiflich zu machen und wenn sie durch Jahrhunderte geheiligt sind. Mich wollte letzthin schier der Unmut erfassen, als mir ein frommer Mensch sagte, nur der könne an den lebendigen Jesus glauben, der an die leibhaftige Auferstehung und an die verklärte ewige Leiblichkeit Christi glaube. Lebendig ist Jesus für die, die er, als ginge er unter uns, leitet, in großen und in kleinen Dingen, um ihnen zu sagen, tu das so und das so, und die einfach, als hätten sie einen Herrn vor sich, dessen Gestalt sie mit dem geistigen Auge sehen und dessen Befehl sie mit dem geistigen Ohr hören, ja sagen und still dahingehen und tun. Daß der Herr in unserer Zeit befiehlt, ist für mich ein Beweis, der einzige Beweis, daß er kein Gespenst und kein Toter, sondern ein Lebendiger ist. Um der Suchenden in unserer Zeit willen möchte ich sagen: Haltet sie nicht auf mit Formeln und Lehren, sondern ermutigt sie, sich auf den Weg zu ihm zu machen.

Wenn ich es auf meine Weise erklären darf, so möchte ich sagen: Der ewige Leib Jesu, das sind seine Worte, denn von ihnen hat er gesagt: Himmel und Erde werden vergehen, aber meine Worte werden nicht vergehen. Und diese Leiblichkeit nimmt sein Geist im Menschengeist immer aufs neue an, um sich dem Menschen im Abendmahl darzubieten, auf das er hinwies, da er Brot und Wein als seinen ewigen Leib und sein Blut weihte, und daß er da in Wahrheit ist, wo ein Mensch im geistigen Hunger und Durst ein Wort Jesu in sich aufnahm, um davon zu leben; das Wort, welches ihm bestimmt war, denn da hat sich der lebendige Jesus mit jenem Wort verbunden, und sein Leben ist in das Leben des Menschen übergegangen und schafft Friede und Freude.

ZUM TOTENGEDÄCHTNIS

Sonntag, den 17. November 1907
Morgenpredigt zu St. Nicolai

1. Kor. 15, 25.26: Er (Christus) muß aber herrschen, bis daß er alle seine Feinde unter seine Füße lege. Der letzte Feind, der aufgehoben wird, ist der Tod.

In diesem Wort sagt der Apostel Paulus, daß das Herrschen Christi sich in dem Überwältigen des Todes, des letzten Feindes, auswirke.

Die Zeit ist dazu angetan, daß wir es miteinander betrachten um zu sehen, wie weit die Herrschaft Christi unter uns schon vorangeschritten ist, wie weit der letzte Feind überwunden ist. Wir blicken zurück auf die Tage, wo die Gräber draußen mit den traurig schönen, spätherbstlichen Blumen geschmückt wurden und die Menschen zu den Friedhöfen hinauswallten. Wir sahen die letzten Blätter fallen; am Abend waren es noch einige, ganz oben auf den Zweigen; am Morgen keines mehr. Was sproßte und grünte, war dem Tode verfallen; es lebte, aber gehörte ihm; es wartete nur seine Zeit ab; nun erntet er und nichts widersteht ihm. Und wir gedenken daran, daß alles, was lebt und sich freut, die Menschen und wir, ihm verfallen sind, und mit uns auch seine Zeit abwartet. Und wenn wir dieses Sterben der Natur miterleben, ist es nur, als würden wir mithineingezogen; wir erschauern, als streifte uns der Mantel des Todes.

Du standest schon auf einer Brücke und schautest in die Flut, die sich unten vorbeiwälzte, immerfort, immerfort; da war es, als ob sich die Brücke selbst bewegte, als ob alles um dich in Fluß käme, und du stemmtest dich, von einer unbegreiflichen Angst ergriffen, wider das Geländer, um zu erproben, ob es noch etwas Festes gäbe, und wenn du es fühltest, wachtest du wie aus einem schweren, wirren Traum auf. Dasselbe Gefühl erfaßt dich, wenn du in den Strom des Vergehens und Sterbens um dich herschaust; aber hier gibt es nichts Festes, wogegen du dich stemmen könntest, um dem Gedanken zu entgehen, daß du mit fortgerissen wirst. –

Als Knaben spielten wir des Sommers im trockenen Flußbett; man konnte von Stein zu Stein springen und unter den Brückenbogen gelangen, wo man den Widerhall der Stimme erprobte und an den schwarzen Strich hinaufzureichen versuchte, der angab, bis wohin das Hochwasser gereicht hatte.

Große weiße Geröllinseln dehnten sich weithin aus; um zu ihnen zu kommen, mußte man die kleinen Wässerchen, die sie umflossen, durchwaten. Wenn ich drauf war, kam mir bei dem leisen Gurgeln und Rauschen ein Schrecken. Wenn die Wässerchen wüchsen, wenn die Flut jetzt käme, wenn der Weg zum Ufer abgeschnitten würde. – Warum sollte es nicht möglich sein, daß sie jetzt komme – warum denn nicht – wer konnte es wissen? Die großen Knaben lachten mich aus. – Es sei Sommer und kein Schnee mehr auf den Bergen. – Ich schaute nach der fernen Kette aus – blau von der Sonne beleuchtet, friedlich lag sie da, ich kämpfte die Angst herunter, ganz los wurde ich sie nicht. –

Wir wandeln alle im trockenen Strombett dahin, aber

keiner kann sagen: Es ist Sommer, die Flut kommt nicht. Wir sehen, wie sie um uns her bald diese, bald jene Inseln überschwemmt und die Menschen zu Tausenden oder zu Hunderten urplötzlich mit fortreißt, wir sehen, wie sie um diesen oder jenen, ganz nahe bei uns, langsam unentrinnbar anschwillt und ihn erst die ganze Angst fühlen läßt, bis sie ihn fortschwemmt. – Darum ist die Hauptfrage des Lebens: Wie stehst du zum Tode? Alles was uns fesselt und beschäftigt, hat nur einen bedingten Wert. In einem Augenblick, in der nächsten Stunde, kann es vollständig wertlos werden.

Der Tod herrscht draußen; er herrscht auch über dich. Herrscht er in dir, oder hast du ihn in dir überwunden, daß du mit ihm fertig bist? –

In früheren Zeiten hielt man es für christlich, die Todesfurcht und das Todesgrauen der Menschen noch zu steigern. Ein berühmter Prediger am Hofe eines französischen Königs zeigte seinen Zuhörern von der Kanzel herab die Steinfliesen der Erbbegräbnisse der vornehmen Familien, eines neben dem andern an der Wand der königlichen Kapelle, in der der Gottesdienst stattfand. Er schilderte ihnen, wie sie einst ebenso prächtig gekleidet, ebenso lebenslustig hier gesessen hätten wie die, zu denen er redete und daß diese, wie jene jetzt, einst ebenso unter den Steinen faulen und modern werden. Und nachdem er ihnen das alles grausig ausgemalt hatte, glaubte er sie empfänglich für die Predigt der Buße und des ewigen Lebens. – Und was hatte er ihnen gepredigt? Die Herrschaft des Todes. Wo Furcht und Schrecken vor dem Tode ist, da herrscht er. Ich habe das nie so empfunden als beim Besuch des Trappistenklosters Oelenberg, wo jedes Bild und jeder Stein vom Tode redet.

Daß die Menschen sich dann in Angst und Schrecken an die Hoffnung eines ewigen Lebens klammern, ist nicht das Aufheben des Todes, das nach dem Wort des Apostels Paulus unter der Herrschaft Christi stattfinden soll, oder doch nur ein unvollkommenes.

Jahrhunderte lang hat man den Menschen den Schrekken des Todes gepredigt, daß sie ihre Zuflucht zum Glauben an das ewige Leben nähmen. Und das Ergebnis? Abstumpfung –, Abstumpfung –, dieses merkwürdige Wort für die unbegreifliche und verhängnisvolle Tatsache, die sich hundertmal auf allen Gebieten wiederholt, daß etwas, wiederholt und immer wiederholt, seine Wirkung einbüßt, – der Ball hundert und hundertmal auf die Erde geworfen, springt zuletzt nicht mehr in die Höhe, die beste Medizin, tagtäglich genommen, wirkt zuletzt nichts mehr – eine Wahrheit durch mehrere Generationen immer wiederholt, gilt zuletzt nicht mehr. So ist die Menschheit um uns her, weder durch die Furcht vor dem Tode, noch durch die Hoffnung auf das ewige Leben bewegt. Sie verlangt nur eins, daß man keine Anspielung auf den Tod macht. Sie hat gewissermaßen ein geheimes Dekret erlassen, daß jedermann seinem Nebenmenschen gegenüber fortgesetzt so tue, als ob die Möglichkeit, daß dieser sterben könne, gar nicht in Betracht käme. Und keines der Gesetze über den Umgang wird so peinlich beobachtet wie dieses. Die letzte Liebe, die die Menschen einem erzeigen, der schon mit dem Tode gezeichnet ist, besteht darin, daß sie tun, als ob die Krankheit selbstverständlich nicht gefährlich sein könne. – Und wenn der andere schon selbst fühlt, wie ernst seine Lage ist, will er gewöhnlich doch noch immer gerne das Gegenteil hören. Einige unter euch kennen wohl die ergreifende

Geschichte aus der Erzählungssammlung eines zeitgenössischen französischen Schriftstellers. Eine junge Witwe mit ihren Kindern besucht an jedem Donnerstag einen entfernten, alten Verwandten. Er hat ihr in Aussicht gestellt, sie im Testament zu bedenken. Einen Donnerstag hat sie wieder den fünfstündigen Weg mit den Kindern zurückgelegt. Sie findet eine Verschlimmerung in dem Zustand des Kranken. Er selber findet sich elend. Nicht wahr, sagt er ihr, ich sollte doch daran denken, mein Testament aufzusetzen. Meinst du nicht, daß du den Notar holen solltest? – Sie aber fühlt die geheime Angst in der Frage. – Nicht doch, erwiderte sie, das ist nur vorübergehend. Da lächelt er froh auf – am nächsten Tag war er tot – ohne ein Testament gemacht zu haben. Die näheren Verwandten bekamen alles. Sie aber durfte sich damit trösten, daß sie das, was sie für ihre Kinder so notwendig hatte, daran gegeben, um den Gedanken des Sterbens von ihm zu bannen. Sie hatte ihm die letzte Barmherzigkeit erwiesen.

Und nochmals, wenn ein Mensch die Schatten des Todes über sich fühlt und das Bedürfnis fühlt, mit den Seinen darüber zu sprechen, um dadurch zur Klarheit und zur Fassung zu kommen, so lassen sie es nicht zu, sondern spielen die Komödie, daß sie die Möglichkeit eines solches Ausgangs nicht in Betracht ziehen, bis zu Ende weiter, meinend ihm dadurch einen Dienst zu leisten, meinend ihm den Gedanken ausgeredet zu haben, wenn er es zuletzt aufgibt, darauf zurückzukommen, – und sie haben ihn nur einsam gemacht und ihm die Hilfe verweigert.

In dieser schweigenden Scheu herrscht der Tod über die Menschen unserer Zeit. Und wie weit diese Scheu anerzogen ist, fühlt ihr mit mir in diesem Augenblick selbst an der Befangenheit, die wir unwillkürlich empfinden, daß wir, die wir uns von hier, auch sonst noch kennen, uns miteinander jetzt vorstellen, daß wir sterben werden, daß über kurz oder lang die Zeit kommen wird, wo wir einem anderen, oder die anderen uns das letzte Geleite geben, nachdem sie vorher vor unserer Wohnung auf der Straße gestanden, sich die schwarzen Handschuhe angezogen und untereinander gesprochen haben, wie lange wir krank waren, was wir hatten, welcher Arzt uns besorgte, ob wir einen leichten oder schweren Tod hatten, um dann zu anderen Gegenständen überzugehen.

Aber indem wir diese merkwürdige Befangenheit spüren glaube ich dennoch, daß wir miteinander etwas wissen, das uns über die Gedankenlosigkeit, mit der man sonst den Tod übersieht, hinaushebt, und das uns eine Deutung des Wortes des Apostels finden läßt, daß unter der Herrschaft Jesu der Tod, der letzte Feind, aufgehoben ist.

Er herrscht noch draußen und wird herrschen ungebrochen, so lange es eine Welt und ein Sein gibt. Aber er herrscht nicht mehr in den Menschen, die ihn innerlich überwunden haben. Und wenn das für uns und sonst noch für Menschen unserer Zeit gilt, so ist das Wort des Apostels auf dem Wege zur Erfüllung, einer anderen, geistigeren Erfüllung als er es sich vielleicht selber gedacht hat, und doch Erfüllung.

Ich möchte hier nicht von der Lehre der Kirche über die Bedeutung des Todes Jesu und inwiefern dieser überhaupt eine Überwindung des Todes bedeutet, reden, sondern von der unmittelbaren Lehre, die sein Geist in uns Kindern der Zeit wirkt, wenn wir mit der Zuversicht

Ernst machen, daß wirklich etwas von Christi Geist in uns ist und die tiefen Erkenntnisse des Lebens in uns wirken. Denn das empfindet ihr wohl alle mit mir, daß es Erkenntnisse gibt, die wir als christlich empfinden, und die für uns christliche Wahrheit sind, weil sie in uns, die die Welt als Christen zu begreifen suchen, aufsteigen und Gestalt gewinnen, nicht in uns allein, sondern in dem Kreis der Menschen um uns, die auf demselben Wege dahinziehen.

So möchte ich denn sagen, daß der Geist Christi in unserer Zeit wirklich den Tod als den letzten Feind vernichtet, indem er uns zunächst dazu bringt, ihn ruhig und natürlich zu betrachten. Und da ist's ein ganz anderer Tod, als die Menschen ihn sich vorstellen, wenn sie aus Angst vor ihm die Augen schließen.

Schon in der natürlichen Betrachtung des Todes liegt etwas Beruhigendes. Habt ihr schon einmal bedacht, wie schrecklich es wäre, wenn unserm Leben kein Ziel gesetzt wäre, und es immer fortdauerte? Es braucht ein Mensch im Leben nicht besonders vom Unglück betroffen worden zu sein, um bei dem Gedanken, daß es niemals endigen könnte, zu erbeben. Könnt ihr euch vorstellen, daß wir, so weit unser Blick in die Zukunft reicht, in die Wünsche und Sorgen dieses Daseins verstrickt würden und daß alles, was an Neid, Haß und Schuld von unserer und von anderer Seite damit verknüpft ist, sich ungetilgt immer wieder anhäufen würde? –

Wenn ihr es schon einmal bedacht habt, wie schwer wir am Leben tragen würden ohne die Gewißheit, daß ihm ein Ziel gesetzt ist, so wißt ihr, daß der Tod für alle, auch die Glücklichsten, nicht ein Feind, sondern eine Erlösung ist.

Wir alle müssen uns mit dem Gedanken an den Tod vertraut machen, wenn wir zum Leben wahrhaft tüchtig werden wollen. Wir brauchen nicht jeden Tag, jede Stunde daran zu denken; aber wenn der Weg unseres Lebens uns auf einen Aussichtspunkt führt, wo das Nahe verschwindet und der Blick in die Ferne bis zum Ende schweift, dann die Augen nicht schließen, sondern innehalten und in die Ferne schauen und dann wieder weiter.

Aus diesem Todesgedenken kommt die wahre Liebe zum Leben. Wenn wir in Gedanken mit dem Tode vertraut sind, nehmen wir jede Woche, jeden Tag als ein Geschenk an, und erst wenn man sich das Leben so stückweise schenken läßt, wird es kostbar.

Das Vertrautsein mit dem Gedanken des Todes wirkt allein auch die wahre, innere Freiheit von den Dingen. Der Ehrgeiz, die Erwerbssucht, die Herrschsucht, die wir in uns tragen und die uns in dieses Leben hineinverstrikken mit Sklavenfesseln, vermögen den Menschen, der dem Tod ins Antlitz schaut, auf die Dauer nicht zu betören, sondern er fühlt, wie der Gedanke des Endes nach und nach eine Läuterung bewirkt, die ihn von dem schlechteren Ich in sich selbst, von den Dingen und Menschen frei macht, ihn auch frei macht von Menschenfurcht und Menschenhaß.

Und wenn wir so schwach und so schlecht sind oft im Leben, und dies so oft an den Menschen auch sehen, so liegt das daran, daß das Todesgedenken uns nicht vom Leben innerlich frei gemacht hat.

Aber auch wenn ein Mensch die gewöhnliche Todesangst, das Nichtdenkenwollen an den Tod abgetan hat und dem Tod ins Auge schaut, wenn er schon zur Todesergebung durchgedrungen und die Todessehnsucht, von der die frommen Dichter so ergreifend reden, kennt und vielleicht schon innerlich wie der Apostel Paulus dagegen ankämpfen muß, daß sie nicht zu stark wird, auch der kennt noch eine Todesangst: Die Angst, den Menschen entrissen zu werden, die ihn brauchen. Diese Angst kann man nicht bannen. Sie kommt manchmal wie ein Blitz. Ein Mann und eine Frau haben noch nicht alles miteinander erlebt, wenn nicht eines beim Anschauen des andern, ohne es gewollt zu haben, vor der Frage stand: Was würde aus ihm werden ohne mich – und eine Mutter hat noch nicht alles mit ihrem Kinde erlebt, wenn sie nicht plötzlich wie von einem namenlosen Entsetzen erfaßt wurde: Was würde aus ihm werden ohne mich. – Das ist doch die Erkenntnis, zu der man gelangt, wenn man versucht hat, den Dingen auf den Grund zu gehen, daß, was uns im Leben festhält, nicht das ist, was wir von ihm hoffen und erwünschen, sondern die nahen und fernen Menschen, die uns nötig haben. –

Und dieselbe Angst hat uns schon befallen, wenn wir Menschen ansahen, die etwas für uns sind, daß wir uns mit Grausen fragten, wie unser Leben aussehen würde ohne sie.

Auch dieser Angst schau ins Auge, stoß sie nicht zurück in den letzten Winkel deines Denkens. Behalte sie nicht einmal immer für dich, sondern wage sie auszusprechen, wenn die Stunde dazu da ist, denn es liegt etwas Tiefes und Heiligendes darin, wenn Menschen, die zusammengehören, es miteinander bedenken, daß jeder Tag, jede kommende Stunde sie auseinanderreißen kann. Ihr werdet dann immer sehen, daß die Sorge, was mit dem, was zurückbleibt, wird, die anfangs voranstand, zurücktritt hinter der andern, tieferen, was aus dem sein wird, was zwischen uns war, ob wir einander alles gegeben, was wir konnten, alles waren, was wir konnten, ob nichts ist, was wir ungeschehen machen möchten. – Daß diese Sorge dann in den Vordergrund tritt, und daß wir meinen, daß wir dann die Trennung ertragen können, wenn wir so zueinander waren. Wie viel wäre in der Welt zwischen den Menschen anders, wenn sie sich anzuschauen wagten als solche, die es beieinander bedenken, daß eins von dem andern weggerissen werden kann – und wo eines für das andere durch diesen Tod geheiligt worden ist. –

Worin besteht die Überwindung des Todes? Daß wir unser Leben und die Menschen, die dazu gehören, in Augenblicken tiefsten Gesammeltseins so betrachten und bewerten, als hätten wir sie in den Tod hingeben müssen und sie auf Zeit von ihm zurückerhalten.

Das sind aber keine natürlichen Betrachtungen über den Tod mehr, sondern das ist, was der Apostel Paulus in den Briefen immer wieder als das Urgeheimnis der Religion Christi predigt, daß die, welche dem Herrn im Geiste angehören, mit ihm in einem innerlichen Prozeß das Sterben und Eingehen in ein neues Leben erlebt haben und nun auf der Welt wandeln als die, die innerlich frei sind von der Welt, wie man durch Sterben von ihr frei wird.

Und die Unsterblichkeit? Es hat euch vielleicht merkwürdig berührt, daß das Wort Tod so oft vorkam, ohne daß dieses andere, Unsterblichkeit, mit dem man gewöhnlich alsbald seinen Schrecken auslöscht, ausgesprochen wurde. Vielleicht hat man das Wort Unsterblichkeit zu viel und zu oft rein äußerlich gebraucht, um die Menschen über den Tod hinwegzutrösten und es so unter ihnen entwertet. Die Unsterblichkeit, an die man nur als an einen Trost glaubt, ist nicht die rechte. Sie haftet so wenig in den Gedanken der Menschen als das Bild, das man mit Wasserfarbe auf eine Mauer malt und das der nächste Regen wegwäscht. Sie ist äußerlich an die Menschen herangetragen und beschäftigt ihn nicht mehr, sobald er sich über die Todesangt durch seine Gedankenlosigkeit hinweggetäuscht hat.

Aber wer sein Leben im Angesicht des Todes zu betrachten wagt, wer es von ihm stückweise zurückempfängt und es lebt als etwas, das ihm nicht gehört, sondern geschenkt worden ist, mit der innerlich freien und friedvollen Gesinnung des Menschen, der in seinen Gedanken den Tod überwunden hat, der glaubt an ein ewiges Leben, weil er schon etwas davon hat und erlebt hat, und schon zehrt von dem Frieden und der Freude desselben. Wie es gestaltet ist, vermag er nicht zu sagen, er vermag seine Anschauung auch vielleicht nicht ganz mit den überlieferten Vorstellungen in Einklang zu bringen. Aber das weiß er gewiß, daß etwas in uns ist, das nicht vergeht, wenn wir selber vergehen, sondern das fortlebt und fortwirkt, überall wo das Reich des Geistes ist, weil es schon jetzt in uns lebt und wirket, wenn wir innerlich durch den Tod zum Leben gekommen sind.

So möge sich an uns das Wort Pauli erfüllen, daß unter der Herrschaft Christi der letzte Feind, der Tod, überwunden ist. Er ist es noch nicht. Noch leben die meisten Menschen um uns her unter der Knechtschaft des Todes, dessen Namen sie nicht nennen, an den sie nicht denken mögen. Denkt daran, daß ihr berufen seid einen oder den anderen aus dieser Knechtschaft zu erlösen, und scheuet euch nicht, wenn es die Gelegenheit bringt, ein Wort zu sagen, das ihm vielleicht ein Fingerzeig werden kann.

EIN WORT AN DIE NEUKONFIRMIERTEN

Sonntag, den 4. April 1909
Palmsonntagnachmittagspredigt zu St. Nicolai

Mk. 8,36: Was hülfe es dem Menschen, wenn er die ganze Welt gewönne und nähme doch Schaden an seiner Seele?

Unser Denken an diesem Tage gehört den Konfirmanden, von denen sich eine Zahl auf mein Bitten noch mit uns zu einer kurzen Andacht zusammengefunden hat.

Der Anfang des Textwortes, das unsere Gedanken zusammenfassen soll, hat für sie einen ganz anderen Klang wie für uns. So manches, was sie heute empfinden, findet in den Worten, «die ganze Welt gewinnen» eine Resonanz. Es ist ja der heutige Tag nicht nur ein Ereignis in ihrem religiösen Leben, sondern auch in ihrer rein menschlichen Existenz. Das Leben tut sich vor ihnen auf; es ist als ob sie eine geöffnete Tür ins Freie erblickten und hinausschauten auf alles, was ihrer wartet. Sie haben ein Kraftgefühl, das man nur in diesen Jahren besitzt; sie vertrauen auf das, was sie können, was sie noch lernen wollen, auf ihre Arbeit, auf ihre Gesundheit; und mögen sie noch so bescheiden sein, so sind sie doch gewiß, daß sie ein Stück Welt und Glück für sich gewinnen werden; und darum herum schweben noch Träume des Vorwärtskommens und des guten Ehrgeizes.

Ich möchte dieses wunderbare Gefühl, dessen ich mich

von mir selber mit Ergriffenheit erinnere, nicht mit einem Wort dämpfen. Es soll so sein. Möge ihnen Arbeit, Können, Ausdauer und Gesundheit verliehen sein, damit das Leben von den Hoffnungen, die sie auf es setzen, etwas verwirkliche und sie von den Hoffnungen, die wir auf sie, das neue, unverbrauchte Geschlecht gründen, nicht zu wenig erfüllen.

Aber in ihre Lebensfreudigkeit mögen sie das Wort einschließen «Was hülfe es dem Menschen, so er die ganze Welt gewönne und nähme doch Schaden an seiner Seele».

Was heißt denn Seele? Wer vermag zu sagen, was Seele ist? Ihr werdet Menschen antreffen, die sagen, daß es keine Seele gibt und werden das mit Hohn und Gelehrsamkeit begründen. Und was Seele ist, vermag keiner zu sagen, aber sicher ist uns, was wir von der Seele fühlen. Die Seele in uns ist, daß wir etwas in uns fühlen, das besser ist als wir; daß sich auch in uns Gedanken, Hoffen und Wollen regen, die auf die Welt des Wahren, Reinen und Guten gehen und ein sehnendes Verlangen in uns brennt, in dieser Welt des Lichtes zu atmen und sie nicht zu verlieren – Kinder des Lichtes zu bleiben. An diesem Tage, wo im Frühling eures Lebens das Edelste und Reinste, was ihr in euch tragt, aus dem gewöhnlichen Denken wie Frühlingsblüte herausssprießt, wißt ihr, was Seele heißt, wenn ihr darauf horcht; und die Erregtheit und Begeisterung eures inneren Wesens sagt es euch so lebendig, wie es Menschenworte nicht vermögen.

Das ist etwas, das ihr wißt. Nun sagt euch der, der vom Leben schon mehr kennt und weiß, was aus dem wird: «Habt Angst, daß ihr es nicht verliert.» Ihr wißt nicht, was es heißt, an der Seele Schaden leiden. Ein Gesunder kann sich nicht vorstellen, wie es dem zu Mute ist, der sich sagen muß, daß er an seiner Gesundheit Schaden gelitten hat und nun mit zerrüttetem Körper weiterleben muß. Nur wer diese Verzweiflung an sich erlebt oder mit andern durchgemacht hat, der weiß, was es ist. Und nur wer für sich selbst die Angst gekannt, Schaden an der Seele gelitten zu haben und es an andern gesehen hat, was es ist, der weiß, was dieses Wort alles in sich einschließt. Es liegt ein stummes Elend über der Menschheit. So viele, die von außen glücklich scheinen, sind es nicht, denn sie tragen das Bewußtsein mit sich, daß sie eigentlich kein Recht mehr an dem wirklich Wahren und Guten haben, weil sie sich selbst die Türe zum Heiligen und Reinen zugeworfen haben.

Ich hatte dieser Tage etwas bei einer Frau zu tun, die mich auf ihren Speicher führen sollte; als sie im Begriffe war, aus ihrer Wohnung herauszugehen, besann sie sich, ging erst wieder hinein und holte den Schlüssel; dann sagte sie: Meine Türe hat draußen keine Falle und wenn ich sie dann zuschlage, bin ich von mir selber ausgeschlossen und stehe vor der Tür meiner eigenen Wohnung. So ist es mit den Menschen. Durch das, was sie tun, schließen sie sich oft selber aus von dem Besten, was in ihnen ist, und erst nachher erkennen sie, wie arm sie geworden sind, weil sie sich von der Welt des Guten und Reinen, die in ihnen ist, getrennt haben und sich nun sagen, daß sie eben nun so weiterleben müssen, ohne daß sie noch etwas von dem erleben, was ihr jetzt empfindet und nach allem, was rein und wahr und gut ist, die Hand ausstrekken dürfen und wollen wie ihr. Das ist's, was wie eine Müdigkeit und Verzagtheit auf so vielen Menschen liegt. Sie gehen an einem Garten vorüber und wissen, daß die

Blumen, die darinnen wachsen, nicht mehr für sie sind; sie wissen auch, daß es für sie kein wahres Glück mehr im Leben geben wird, denn alles wahre Glück im Leben gleicht dem, was ihr jetzt empfindet und besteht darin, daß die schönsten und reinsten Gedanken, die wir in uns tragen, unser Wesen bewegen.

Ich will euch keine Angst machen vor den Versuchungen, die das Leben auch an euch heranbringen wird. Wer innerlich gesund ist, überwindet sie; sondern nur ernst machen will ich euch, daß ihr immer wißt, es handle sich nicht nur darum, ob du dies oder jenes tust, sondern daß deine Seele daran Schaden nehmen kann und etwas geschieht, dessen Tragweite euch erst später zum Bewußtsein kommen wird, wenn es zu spät ist.

Und andere nehmen Schaden an ihrer Seele, ohne daß sie große Versuchungen durchzumachen haben. Sie lassen sie langsam verkümmern; sie lassen sich von den Freuden und Sorgen und Zerstreuungen des Lebens einschläfern und es kommt ihnen gar nicht zum Bewußtsein, wie Dinge und Gedanken, die früher etwas für sie bedeuteten, leerer Schall für sie werden. Zuletzt haben sie dann für alles, was das innenwendige Leben ausmacht, keinen Sinn mehr.

Ihr sagt euch jetzt, daß das für euch nicht geschehen könne; wie sollte denn das alles, was ihr jetzt in euch fühlt, tot werden. Davor, vor der schleichenden Gefahr, möchte ich euch Angst machen. Ihr wißt, daß im Innern von Afrika die Schlafkrankheit herrscht. Zuerst werden die Leute ein klein wenig matt, dann immer mehr und mehr, bis sie zuletzt immer wie schlafend daliegen und an Entkräftung sterben. Der berühmte Professor Koch aus Berlin war vor 1½ Jahren in jenen Gegenden, um die Schlafkrankheit zu studieren und entdeckte die Anfänge des Übels an vielen, die ihn deshalb auslachten und sagten, sie fühlten sich ganz wohl, und er wußte doch ganz sicher, daß sie schon angesteckt waren und bedauerte, daß sie sich nicht in Pflege geben wollten. –

So gibt es eine Schlafkrankheit der Seele, bei der die Hauptgefahr ist, daß man sie nicht kommen fühlt; darum müßt ihr auf euch achten; und wie ihr die geringste Gleichgültigkeit an euch merkt und gewahr werdet, wie ein gewisser Ernst, eine Sehnsucht, eine Begeisterungsfähigkeit in euch abnimmt, dann müßt ihr über euch erschrecken und euch klarwerden, daß das davon kommt, daß eure Seele Schaden gelitten.

Sie leidet Schaden, wenn ihr ungesammelt dahinlebt. Der Mensch braucht Stunden, wo er sich sammelt und in sich hineinlebt. Das Furchtbare ist, daß die meisten gar nicht zum Bewußtsein ihrer selbst kommen und nachher, wenn sie einmal die Seele in sich fühlen, es auch nicht mehr wollen, sondern so fortleben, damit sie nicht immer daran erinnert werden, was sie verloren haben. Ihr aber suchet Stunden der Sammlung bei euch zu Hause und hier zwischen diesen stillen Mauern, wenn die Sonntagsglocken läuten, damit eure Seele zu euch sprechen kann, ohne daß es vom Geräusch des Alltags übertönt wird.

Und bleibet in der *Tat*. Ihr könnt gar nicht ermessen, was die Tat ist und was sie für das innere Leben bedeutet. Was ist ein Mensch, der nicht *«wirkt»*, der nicht von seinen Gaben und Kräften, von dem, was er hat, Anwendung macht, um da mitzuwirken, wo Menschen nötig sind?

Die innere Freude, die wir empfinden, wenn wir etwas

Gutes getan haben und wenn wir fühlten, daß wir irgendwo notwendig waren und Hülfe leisteten, ist eine Speise, deren die Seele bedarf. Ohne die Momente, wo der Mensch sich durch die *Tat* als ein Teil der geistigen Welt fühlt, geht seine Seele zu Grunde. So viele kommen in das Elend der Gleichgültigkeit, weil sie von Anfang an diese Stärkung durch die Tat nicht hatten. Ihr aber vergeßt nicht, daß ihr schon von jetzt ab das Auge offen halten müßt, um zu tätigen Menschen im Reiche Gottes zu werden.

LETZTE NACHMITTAGSPREDIGT ÜBER DIE TREUE

Sonntag, den 25. Februar 1912
Nachmittagspredigt zu St. Nicolai

Offenbarung Joh. 2,10: Sei getreu bis an den Tod, so will ich dir die Krone des Lebens geben.

Zum letzten Mal ist es mir vergönnt, als Prediger dieser Kirche in einer Nachmittagsandacht zu euch zu reden. Diese Sonntagnachmittage gehörten zu dem Schönsten für mich, was ich in meinem Leben fand. Ihr habt wohl oft bemerkt, wie ich das, was ich leisten sollte, in den letzten Jahren nur in Müdigkeit und mit Aufbietung der letzten Kraft geben konnte, und manchmal beim Herabgehen von der Kanzel hatte ich den Eindruck, daß ihr sehr nachsichtig sein mußtet mit mir. Und doch: Alle Müdigkeit, die mir diese Stunden auferlegten, bedeuteten für mich nichts im Vergleich mit dem Gefühl, mich mit euch eins zu wissen und mich mit euch erbaut zu haben. Und da unsere Wege äußerlich auseinandergehen, wenn wir auch im Geiste geeinigt bleiben, so suchen wir einen Standpunkt, von dem wir in diesem Augenblick einen weiten Horizont haben; und wir fragen nicht, was wir einander wünschen sollen oder womit wir miteinander für das Kommende sorgen wollen, sondern wir fragen miteinander: Was gibt uns die Gewißheit, daß wir in diesem Leben das tun, was wir sollen und was zu unserer Befriedigung dient? Und so versteht ihr, wie das Wort: «Sei getreu –» den Horizont für unsere letzte gemeinsame Betrachtung bietet. –

Weit dehnt sich vor uns aus: «Treu bis an den Tod», also bis unser Leben ein Ende hat, früh oder spät; und herrlich scheint die Sonne darüber: «So will ich dir die Krone des Lebens geben.» –

Ich kann nicht definieren, was heißt «treu», denn die eigentliche Bedeutung des Wortes fängt erst an, wo alles Erklären in Ausdrücken aufhört; und doch wissen wir alle aus unserm Innersten heraus, was es besagen will: Alles, was wir Gutes an Erkennen und Wollen haben, bedeutet nichts und führt zu nichts, wenn es nicht gehärtet ist in dem Gedanken der Treue. Wie man bei jedem Metall sucht, es zu härten, und nicht sagen kann, wie es kommt, daß das Metall, das vorher weich und biegsam war, gehärtet hundertmal so stark ist als vorher, so kann man es nicht erklären, wie es mit dem Menschen geht, daß alles, was er zu geben vermag, erst dann wirklich stark ist, wenn es gehärtet ist in *der Treue.*

Ich habe draußen Flüsse gesehen, die führten Geröll mit sich, und ihre Ufer waren zerrissen und die Felder und Wiesen versandet und zerfressen. So sind die Menschen, die nicht treu sind, die nicht durch eine innerliche Gewalt in ihrer Bahn festgehalten werden und nicht davor bewahrt werden, daß sie in Willkür oder Unmut und Verzagtheit über ihre eigenen Ufer hinaustreten und vernichten, was sie nicht sollten und was keinen Segen bringt. Treue ist die innere Kraft des Lebens, in der wir uns selber erfassen. Wenn ihr die Menschen betrachtet: Es sind wenige, die treu sind. Und doch, wenn wir diese Wenigen sehen, so steigt auch in uns ein Sehnen auf, treu zu werden wie sie. Denn die Treue ist eine Melodie, die in uns liegt von Jugend auf, die wir aber zum Ersterben bringen mit all den Mißklängen, durch die wir sie übertönen und durch den furchtbaren Gedanken, daß wir sagen, es ist nun einmal so Weltbrauch: Niemand kann treu sein in seinem Leben, in allem seinem Tun.

Zuerst heißt es: *Treu gegen sich selbst sein.* Es ist keine Romanphrase, die Treue gegen sich selber; sondern ihr wißt, es ist etwas Zwingendes, was sich in uns abspielt und fort und fort wiederholt; jede Untreue gegen unser inneres Wesen ist ein Fleck auf unserer Seele; und wenn wir untreu sind, dann wird unsere Seele zerrissen, und langsam verbluten wir darüber. Denn Harmonie und Kraft ist nur in unserm Leben, wenn das Äußere ist wie das Innere; wenn diese große Wahrhaftigkeit zwischen unserm tiefsten und reinsten Sehnen und dem Willen im Leben uns innere Einheit gibt.

Treu gegen uns selbst und *treu gegen die Menschen.* Es ist ein bekanntes Wort: Sei treu gegen die Menschen, so wie sie gegen dich sind, womit es gleichsam es uns leicht zu machen sucht, wenn wir nicht treu sind, indem es uns zeigt, wie die Menschen mit uns umgehen und uns fragt: Warum willst du anders mit ihnen sein, wie sie mit dir? Vergelte einem jeden, wie du es selber bekommst! Und doch, wehe uns, wenn wir auf diese Stimme hören! Denn die Stimme *in* uns sagt: Treu sein will heißen: Mit den Menschen, die wir kennen, in einer innern Weise verbunden sein, daß wir über allem Kleinlichen stehen, was uns das alltägliche Leben bringen kann und wissen, daß immer dieses edelste Verstehen, das wir in einzelnen Augenblicken miteinander erfahren durften, uns eint über alles andere hinaus. *Treu sein gegen Menschen* will ferner heißen: Seine Verantwortung fühlen in allem und jedem den Menschen gegenüber, ob sie uns nahe stehen oder fern. Auf den ersten Blättern der Heiligen Schrift steht das furchtbare Wort, womit der Mensch sich entschuldigen kann: Soll ich meines Bruders Hüter sein? Dieses Wort geht durch die ganze Geschichte der Menschheit und durch das Leben eines jeden von uns und jeder hat damit zu kämpfen, daß er sagt: Mein Horizont ist abgeschlossen und der und jener geht mich nichts an, für das und das habe ich keine Verantwortung – und er rechnet sich alles zusammen mit seiner Vernunft! Aber innerlich sagt die Treue: Das ist nicht wahr, sondern wir sind verantwortlich für alles, was wir tun *können* an Menschen und für Menschen, ob sie uns bekannt sind oder nicht. Wie es uns Jesus in seiner ergreifenden Weise ans Herz gelegt hat, wenn er sagt, daß jeder, der unser bedarf, unser Nächster ist; daß wir nichts tun an einem Menschen, das nicht ihm selber getan ist und von ihm vergolten werden soll. Und in dieser tiefen Treue, die den Menschen das Leben nicht leicht, sondern schwer macht durch die Verantwortung, die es auf sie legt, und die Unruhe, die es ihnen gibt, so ihre Vernunft Ruhe finden würde: In dieser Treue wollen wir sein gegen nah und fern.

Und treu im Beruf sein, will nicht heißen, äußerlich treu sein in der Verrichtung der Pflichten, sondern treu in allem, was wir auf Erden ausrichten können, treu in jenem höheren Sinne, daß wir wissen: Über all unser Vermögen und Können sind wir selber nicht Herr, sondern es ist, wie unsere Gaben und unsere Gesundheit, ein Pfand, das uns gegeben ist, und damit wir hausen als solche, die wissen, es gehört nicht ihnen, sondern die Rechenschaft darüber ablegen müssen in ihrem Leben, was sie damit gemacht haben; daß wir unser Dasein führen nicht als solche, die sagen: Das gehört nun uns, davon nehmen wir so viel wie wir brauchen zu unserem Glück, zu dem was uns frommt, sondern als solche, die da wissen und in dieser Erkenntnis immer reifer werden, daß das Kostbarste im Leben das ist, daß wir nicht für uns selber leben, sondern für das, was geschehen muß für die Menschen und für die Wahrheit und für das Gute.

Und zuletzt *treu zu Jesus und zu seinem Geist.* Denn Jesu Geist ist der Begriff des wahren Lebens, aus dem heraus wir wissen, was das Leben von uns verlangt. Wir sind seine Jünger, die nicht frei sind von menschlicher Schwachheit, die ihm aber dienen müssen, weil er geistig unter uns lebt, geistig sorgt und leidet für unsere Zeit und Menschen sucht, denen er zeigt, was sie tun müssen in seinem Willen und die ihm gehorchen im großen wie im kleinen.

Und diese Treue gegen Jesus ist nicht ein verworrener, mystischer Begriff, der sich in Reden herrlich ausnimmt und im Leben nichts ausgibt, sondern wer der Gestalt Jesu, wie sie uns in seinen Worten entgegentritt, ins Auge gesehen hat, der weiß, daß das wahre Glück für uns alle darin besteht, daß wir uns als Dienende diesem Großen und seinem Geiste gegenüber fühlen und als Dienende für ihn leben; daß wir Brüder und Schwestern nur sind in der Art, wie wir das Dasein auffassen, in der Art, wie wir es leben. –

Nun heißt es in dem Wort: *«So will ich dir die Krone des Lebens geben.»* Wir stellen uns unter Krone des Lebens kein Diadem vor, das auf unsere Stirn gedrückt wird, wenn dieses Dasein hinter uns liegt und etwas Neues beginnen soll, soweit reicht unsere Kenntnis nicht, sondern wir wissen: Die Krone des Lebens trägt an sich, wer hier treu ist, innerlich in dem Glück und Frieden, der ihm daraus kommt, daß er treu ist und äußerlich in der Herrlichkeit, die sich in seinem ganzen Leben ausdrückt. Wir wissen, daß uns geschehen mag, was da wolle an äußeren Dingen, es kann sehr schwer werden, was das Leben uns bringt; und doch – unser Glück ist höher und unabhängig davon; denn unser Glück liegt darin, daß wir im Tiefsten unseres Wesens treu sind und dadurch die geistige Gemeinschaft mit Jesus und mit dem unendlichen Geiste behalten und damit Heiligkeit und Frieden auf unserm Wege. – Ich ging in den Spätsommertagen auf einer dieser wunderbaren Straßen Lothringens, wo man bis ins Unendliche sieht, wo eine Hügelkette sich über der andern aufbaut; in der Richtung, in der ich ging, ging die Sonne unter, alles überstrahlend, so daß die Bäume auf den fernen Hügeln aufflammten, als wären sie im Feuer, und man die Helligkeit um sich selber herum spürte. Da wurde mir ganz wundersam zu Mute; das Ganze kam mir vor wie ein Gleichnis für unser Leben, daß wir in der inneren Treue mit uns selbst, daß wir im inneren Zusammenhang mit dem unfaßbar Unendlichen im Leben der Sonne entgegengehen, bis die irdische Sonne für uns untergeht: Vom Licht umflossen mehr und mehr bis zum letzten Augenblick – mag dann die äußere Sonne auch für uns untergehen! – Wie heißt es doch in dem wunderbaren Liede:

Wo bist du Sonne blieben?
Die Nacht hat dich vertrieben,
Die Nacht des Tages Feind –
Doch Jesus, meine Wonne,
Du meines Herzens Sonne
Gar hell in meinem Herzen scheint!

Und was da von der irdischen Nacht gesagt ist, gilt von dem Dunkel, das sich in jedem Leben findet, von dem, was es Schweres und Trauriges bringt: Daß dieses Dunkel das Licht des irdischen Glückes nicht vernichten kann, daß aber, je dunkler es wird, um so mehr uns erstrahlt die Sonne des Glücks in der Einheit und in der inneren Festigkeit, in dem Geiste Jesu, der in die Welt kam und unser Erlöser wurde dadurch, daß er uns mit seinem großen Geiste herausgehoben hat aus allen Ängsten, aus aller Kleinlichkeit, aus aller Sorge und uns den Blick gerichtet hat auf das Wahre, auf den unendlichen Geist, der in uns ist und nach der Unendlichkeit sich sehnt; daß wir durch dieses Wissen in diesem Leben und darüber still und friedvoll werden in dem Frieden, der höher ist als alle Vernunft.

LETZTE PREDIGT VOR DER ABREISE NACH LAMBARENE

Sonntag, den 9. März 1913
Morgenpredigt zu St. Nicolai

Phil. 4,7: Der Friede Gottes, welcher höher ist als alle Vernunft, bewahre eure Herzen und Sinne in Christo Jesu.

Das soeben verlesene Wort erklang an so manchen Sonntagen, wenn wir auseinandergingen, um uns in die Woche hinauszugeleiten. Nun erklinge es noch einmal an dem Sonntag, an dem wir für lange voneinander scheiden.

Ich hatte es zum Worte des Segens gewählt, weil es wiedergibt, was ich euch als Evangelium zu predigen suchte und was an Gedankengemeinschaft zwischen uns bestehen sollte.

Es stehen in ihm nebeneinander: Friede Gottes und Vernunft; nicht im Widerspruch, sondern im Einklang, so wie es sein soll in uns, daß ein Weg von dem einen zum andern hinaufführt.

In einer Zeit, wo nicht nur in der katholischen, sondern auch in der protestantischen Kirche die Vernunft, das natürliche menschliche Denken, verkleinert und zurückgesetzt wird, als würde damit der Weg der Religion frei gemacht, wagte ich unter euch von ihr mit Freudigkeit und Ehrfurcht zu reden und alles, was den Glauben und die Religion angeht, mit der Vernunft zu beleuchten, weil ich von mir selber wußte, daß ich auf *diesem* Weg der Religion erhalten worden und tiefer in sie eingedrungen bin.

Je mehr ich Jesum zu verstehen glaubte, desto stärker empfand ich es, wie in ihm der Glaube und einfaches, natürliches Denken sich durchdrangen. Je mehr ich in die Geschichte des Christentums eindrang, desto mehr wurde mir klar, wie viel Irrungen und Kämpfe darauf zurückgehen, daß man, von den ersten Generationen an bis auf den heutigen Tag, immer und immer wieder, den Glauben und die Frömmigkeit gegen die Vernunft ausspielte und einen Zwiespalt in den Menschen hineintrug, wo Gott die Harmonie gesetzt hat.

Ihr wißt, daß unter Vernunft nicht das gewöhnliche, oberflächliche Überlegen zu verstehen ist, sondern das Licht des Geistes, das von innen heraus kommt und versucht, die Dinge und die Welt, die Rätsel des Seins, Zweck und Ziel unserer eigenen Existenz zu begreifen und einen Weg für uns zu suchen. Und dieser kann nur einer sein: Der Weg zum Frieden, zur Harmonie zwischen uns und allem, was geschieht und ist, sichtbarlich und unsichtbarlich, zum Frieden, der sich erneuert aus Freud und Schmerz, aus Schaffen und Leiden und in dem wir uns langsam, in der Welt stehend, mit tausend Banden an sie gebunden, über die Welt erheben und innerlich frei werden und wissen, daß sie in allem, was sie bringen kann, nichts über uns vermag.

Der Friede Gottes, welcher höher ist denn alle Vernunft. Wie die fernen in der Sonne leuchtenden Schneeberge zwar über dem Dunste stehen und scheinbar unvermittelt sich erheben, in Wirklichkeit aber aus vorgelagerten Gebirgen hervorgehen und diese krönen, und keiner in ihre Regionen kommt, der nicht die vorgelagerten Berge erstiegen hat, also mit der Vernunft und dem Frieden Gottes. Es sind viele irreligiös in unserer Zeit, nicht weil ihnen etwas den Glauben genommen hat, sondern weil sie nicht angeleitet wurden, den Weg der Vernunft weit genug, bis zu Ende, zu gehen und dann dahin zu kommen, wo der Weg des Friedens über die Vernunft hinausführt. Sie haben nicht von sich aus fort und fort über die Welt, die Zukunft der Völker, über alle Rätsel ihrer eigenen Existenz nachgedacht, sie haben das, was ihnen als Religion überliefert wurde, nicht in der Vernunft geläutert und gehärtet; es wurde nie in dem, was es an ewiger Wahrheit birgt, ihr eigen; sie ließen es fallen auf dem Wege des Lebens.

Wer aber bis in die letzten Konsequenzen des Denkens geht, der erkennt, daß in dem, was uns die Propheten und Jesus und unsere Reformatoren gegeben haben, ein Wissen vom Leben ist, das ewig ist, mögen die Ausdrücke und Anschauungen der Zeit noch so wechseln, das in jedem von uns wieder lebendige Wahrheit werden kann.

Unsere Vernunft trägt uns aus der kleinen Existenz unseres täglichen Lebens heraus und zwingt uns mit allem, was ist und vorgeht und allen Fragen, die unsere Zeit bewegen, zu beschäftigen und an der Welt teilzunehmen, innerlich zu erleben, was in ihr vorgeht. Und es ist hier kein Unterschied zwischen gelehrt und ungelehrt. Es gibt berühmte Gelehrte, die nie wirklich gedacht und die Dinge erlebt haben, und es sind Handwerker, die kaum aus ihrer Werkstatt herausgekommen sind, und die ein starkes Bedürfnis, die Dinge zu begreifen und zu erleben, haben. Nur wer dies in irgendeiner Art kennt, der hat auch eine steigende Sehnsucht nach Frieden.

Es gehen viele Menschen in der Welt dahin, die haben diese Sehnsucht nie wirklich gekannt, oder was sie davon gekannt haben, verloren. Sie sind dazu gekommen zu sagen: Das ist das Leben, wie ich es mir wünsche, so will ich es mir einrichten; das will ich erreichen, dann bin ich zufrieden, weil sie das Licht der Vernunft, das aus ihnen herausscheint und alle Dinge in seine Helligkeit zu bringen sucht, abgeblendet haben. Sie erleben nur noch die kleinen Dinge, die sie angehen, aber nicht mehr alles, was geschieht. Darum machen sie sich ein banales kleines Lebensglück zurecht und suchen darin eine Befriedigung. Wer aber sein natürliches Denken wach erhält und durch dieses mit dem Dasein und allen seinen Fragen in Beziehung bleibt, der wird immer mehr dazu geführt, daß das, wie es uns in unserm gewöhnlichen Leben ergeht, nicht das Glück oder das Unglück ist, und daß uns die Umstände so günstig sein können, wie sie wollen, und wir alles erreichen, was wir uns vorsetzten und von den Menschen beneidet werden, dennoch nicht glücklich sind, sondern das Glück kommt allein aus dem Frieden. – Und je mehr uns unsere Vernunft in die Unruhe der Fragen des Seins hineinwirft, desto stärker wird die Sehnsucht nach dem Frieden. Sie führt uns die Berge hinan bis da, wo die Gletscher zu glänzen anfangen und sagt uns, nun mußt du da weiter gehen, hinauf, hinauf, immer weiter ins Licht, immer weiter in den Frieden und die Stille.

Alle Versuche der Erkenntnis lehren uns als Letztes,

daß hinter allen Dingen und allem Geschehen als weiter nicht zu Begreifendes der Wille ist. – In dem Geschehen draußen ein Gesamtwille, kommend aus dem Urgrund des Seins, sich allen Dingen mitteilend, alles, was ist, enthaltend: *Wille Gottes.* In uns unser Wille, irgendwie aus jenem hervorgegangen und in ihm wurzelnd und dennoch unser Wille. Die letzten Fragen des Daseins gehen über das Erkennen hinaus. Um uns Rätsel über Rätsel. Aber die letzte Frage des Daseins, die über unser Schicksal entscheidet, hat es nur mit dem einen zu tun, auf das wir immer zurückgeworfen werden: Was wird aus unserm Willen? Wie findet er sich in den Willen Gottes? Und die höchste Erkenntnis, zu der man gelangen kann, ist Sehnsucht nach Friede, daß unser Wille eins werde mit dem unendlichen Willen und unser Menschenwille mit Gottes Willen – und sich nicht abschließt und für sich ist, wie ein Wassertümpel, der vertrocknen muß, wenn des Sommers Hitze kommt, sondern wie ein Bach, der seinen Weg zum Strom sucht, um von ihm in den unendlichen Ozean getragen zu werden. –

Merket, der Apostel sagt nicht: Der Glaube, welcher höher ist denn alle Vernunft, sondern: Der Friede Gottes. – Denn keine Vernunft kann in einem Glauben zur Ruhe kommen, sondern die wahre Ruhe kommt aus dem, was mit unserm Willen geschieht, aus dem Weg, den er sucht. – Und Friede Gottes ist nur, wenn unser Wille in dem Unendlichen Ruhe findet. –

Sehr oft denken die Menschen bei dem Stille-Werden unseres Willens in Gottes Willen, daß wir in allen Schicksalsschlägen uns in Gottes Willen ergeben. Aber bei so vielen Menschen vermag dies der leidende Wille nicht, weil der tätige nicht sich in den Gottes gefunden hat; sie sollen des Nachts ihren Weg finden, wo sie ihn des Tages nicht suchten!

Den Weg zum Frieden Gottes müssen wir suchen, so lange es Licht ist, als tätige Menschen, damit wir darauf sind und darauf weiter gehen können, wenn wir ihn als Leidende weitergehen müssen. Es darf nicht so sein, daß wir durch das Unglück hinterlistig überfallen werden und aus einem gemächlichen Leben herausgeworfen und plötzlich daran erinnert werden, daß es einen Willen außer uns gibt und über uns, mit dem wir fertig werden müssen.

Ehe wir im Leid beten: Dein Wille geschehe wie im Himmel, also auch auf Erden, müssen wir darum als tätige, wollende Menschen gebeten haben und darin die Freude unseres Lebens gefunden haben. Das, was wir in uns fühlen, daß Gottes Wille in uns, mit uns, um uns, mit der Welt will, das muß unser Leben leben und unser Dasein erfüllen, daß wir in Hoffen und Sorgen mithelfen, soviel wir können, daß Gottes Wille um uns geschehe, und wir alle arbeiten an seinem Reich und davon erfüllt sind und dann freudig stehen in unserer täglichen Arbeit, so äußerlich und monoton sie auch sein möge, weil wir wissen, daß wir den Geist des Reiches Gottes hinbringen können, wo wir auch immer stehen und jeder ein Nebenamt finden könne, wo wir Gott dienen können.

Zu diesem Einssein unseres Willens mit dem göttlichen gehört auch, daß wir alles Gute und Schöne im Leben, die Menschen und die Dinge, nicht als etwas Selbstverständliches hinnehmen, sondern es immer wieder als etwas empfangen, das uns Gott geschenkt hat, daß wir mit größerer Freudigkeit ihm dienen dürfen und ihm dafür danken.

So muß unser tätiger Wille den Frieden Gottes suchen. Und die, die auf diesem Wege sind und erfahren haben, was Friede Gottes ist, die können ausblicken auf was auch kommen mag, wo der leidende Wille dann sich in den Willen Gottes finden muß. Mag alles für sie noch so schwer und unbegreiflich sein, sie finden ihn, sie werden durch eine innere Triebkraft über den toten Punkt hinausgeführt, wo die andern nicht vorwärts kommen, sie haben sich einen Schatz vom Frieden Gottes gesammelt im Herzen, der aushält, bis ihre Seele wieder Ruhe gefunden. Das Leben überfällt sie nicht, sondern mit allem, was es ihnen antun kann, sind sie schon zum voraus fertig geworden. – Sie haben's vom Herrn empfangen – und in den schweren Stunden, wenn sie es hergeben müssen, sei es Gesundheit, sei es Menschen, sei es Glück, so ist das Wort: «Der Herr hat's gegeben, der Herr hat's genommen, des Herrn Name sei gelobet in Ewigkeit» – für sie keine Phrase, die wie Hohn klingt, weil sie das erste Stück «der Herr hat's gegeben» – schon vorher in ihrer Seele gesprochen haben und ausgeschaut haben auf den Tag, wo sie das andere dazu lernen müßten. –

Und wo der tätige und leidende Wille den Frieden mit Gott sucht, da werden Herz und Sinn bewahret in Christo Jesu, unserm Herrn, da wissen wir miteinander und erkennen es immer mehr, daß er unser Meister ist und spüren den reinen belebenden Hauch seines Geistes und sind in ihm eins miteinander.

In diesen Gedanken sprach ich an so vielen Sonntagen dieses Segenswort über euch, es als ein unaussprechliches Glück empfindend, euch das Evangelium predigen zu dürfen. Es war mir, als täten wir, ehe wir in die neue Woche hinaustraten, noch einmal auf einen Augenblick miteinander stille halten und es miteinander denken, daß wir den Frieden Gottes, das Aufgehen unseres Willens mit dem seinen als das Höchste, suchen wollten, die einen tätig und frisch im Leben stehend, die andern als leidend und heimgesucht und als würden wir, indem wir dies miteinander in weihevollem Augenblick dachten, stark und mutig für alles, was die Woche uns bringen sollte.

So eine uns noch einmal in dieser Stunde, daß wir es miteinander und voneinander wissen, daß es nur ein Glück im Leben gibt, von dem alles andere Glück seinen Schein empfängt und das selbst in das unglücklichste Dasein Licht zu senden vermag: Der Friede Gottes, der höher ist als alle Vernunft, das Einswerden unseres armen Menschenwillens mit dem Seinen in Tat und Freud und Schmerz, – und daß wir diesem Frieden nachjagen wollen miteinander, um in ihm immer reicher und lebensstärker zu werden und den andern den Weg zeigen zu können. –

ERSTE PREDIGT NACH DER RÜCKKEHR VON LAMBARENE UND AUS DEM LAGER VON ST. RÉMY DE PROVENCE

Sonntag, den 13. Oktober 1918
Predigt zu St. Nicolai

Phil. 4,7: Der Friede Gottes, welcher höher ist als alle Vernunft, bewahre eure Herzen und Sinne in Christo Jesu.

Jahre sind vergangen, seitdem ich zum letzten Mal in diesen Mauern zu euch reden durfte. Den Augenblick, da es mir wieder vergönnt sein würde, habe ich allsonntäglich mit Heimweh nach dieser Stätte ersehnt. Es war mir, als hörte ich die Glocken klingen, die euch riefen, und wäre ich mit euch zusammen, wo uns doch Meere trennten. Und nun verwirklicht sich das Ersehnte in schwersten, bangsten Tagen, wo unser Schicksal im Begriff ist, sich zu entscheiden, wo die Zukunft dunkler als je vor uns steht.

Indem ich vor euch trete, gedenke ich des Wehes und des Leides, die über einen Jeden von euch gekommen. Von den Knaben, die mit heller Stimme den Choral auf der Orgelempore sangen, als ich von Euch Abschied nahm, sind viele als Männer gestorben und ruhen in ferner Erde. Alle habt ihr schwere Entbehrungen durchgemacht und liebe Menschen verloren, viele haben den

Zusammenbruch von dem, was sie erarbeitet hatten, erlebt. Andere haben sich abgemüht, um Kindern eine Zukunft zu schaffen, und die Kinder sind nicht mehr da; andere mußten die Söhne daran geben, auf die sie für die Tage des Alters zählten.

Wohin in dieser Stunde die Gedanken leiten, daß wir miteinander aus der Sorge, dem Schmerz und der Unruhe zur Ruhe kommen? Ich biete euch das Segenswort vom Frieden Gottes, der höher ist als alle Vernunft, mit ihm schied ich von euch, mit ihm will ich als Heimgekommener in dieser Stunde wieder vor euch treten.

Was ist der Friede Gottes? Das Stillewerden unseres Willens in dem unendlichen Willen.

Wie kommt diese Ergebung in den Willen Gottes zustande? Sollen wir diesen Gedanken vor uns stellen, ihn anschauen, bis wir durch ihn fasziniert und hypnotisiert sind? Ich wage nicht, euch diesen Weg zu zeigen, denn ich weiß nicht, ob er uns zum wahren Frieden Gottes führt. Es kommt mir immer wie eine Verzweiflungstat des Überlegens vor, wenn Menschen sich in dieser Art in den Gedanken, daß alles von Gott kommt, hineinzwingen wollen. Sie zerschlagen ihr eigenes Überlegen, verzichten auf die natürliche, vernunftgemäße Würdigung der Dinge, verlieren an Energie. Sie haben Frieden, weil etwas in ihnen gebrochen ist.

Und es geht auch nicht an, daß wir den Willen Gottes in allen Ereignissen entdecken wollen, ob es sich nun um die Schicksale des einzelnen oder des Volkes oder der Menschheit handelt. Wohl verstehen wir rückblickend viel, was uns in der Stunde dunkel blieb. Wir sehen, wie aus Bösem Gutes, aus Sinnlosem Sinnvolles kam; was wir an unserem Leben entdecken, tritt uns auch an der

Geschichte zu Tage, so daß für den, der als denkender Mensch zurückschaut, vieles von dem Vergangenen etwas geheimnisvolles bekommt. Berge, die uns in wilder Unordnung umtürmten, als wir im Tale wanderten, erscheinen uns, wenn wir sie von der Ferne aus der Ebene betrachten, als geordnete Ketten. Aber daneben bleibt in unserem Leben, wie in dem allgemeinen Geschehen, so vieles, wo das Sinnlose sich nicht in Sinnvolles, das Böse sich nicht in Gutes auflöst.

Wer es erklären will, daß die Mutter den einzigen Sohn hergeben muß, warum der Freund den Freund verrät, warum die Phrase über die Wahrheit triumphiert, versteigt sich in die Wirrnis. Nie werden wir begreifen, warum der unendliche Wille des Unvollkommenen zur Verwirklichung des Vollkommenen und des Bösen zur Verwirklichung des Guten bedarf, sondern wir stehen immer wieder vor diesem Rätsel und müssen vieles dahingestellt sein lassen. Dann kann uns kein Gewaltakt der Erkenntnis der Ereignisse den Frieden Gottes geben. Der Weg ist ein anderer, er kommt aus Erkenntnissen, die wir in uns tragen. Ist es uns nicht gegeben, einsehen zu können, wie die Ereignisse den Willen Gottes ausdrücken, so wissen wir doch das eine, auf das es ankommt: Worauf nämlich der Wille Gottes gerichtet ist: Er geht auf das Geistige.

Das erste dieser Erkenntnisse ist, daß der Mensch weiß, daß sein Schicksal etwas anderes ist, als das, was sich mit ihm ereignet. Ihr, die ihr so viel Schweres durchgemacht habt, habt diese innere Freiheit von den äußeren Ereignissen schon gekostet. Es ist euch vorgekommen, daß ihr in Momenten, wo ihr nach gewöhnlicher Berechnung durch das, was euch geschah, hättet niedergeschmettert sein sollen, über euch selbst erstauntet, ein innerliches Gehobensein, wie einen Triumph des Geistigen in euch über das Materielle zu empfinden. Ihr kanntet ein Art von Glück, wenn man es so nennen kann, das euch in der fortlaufenden Reihe guter Tage verborgen geblieben wäre, und verstandet etwas von dem Worte des Apostels Paulus: Wenn auch unser äußerlicher Mensch verweset, so wird doch der innerliche von Tag zu Tag erneuert. Wo dies vorübergehende Erleben festgehalten und zu einer bleibenden Überzeugung wird, beginnt der Friede Gottes.

Der Friede Gottes ist nicht Ruhe, sondern treibende Kraft. Das Wissen, zu dem wir gelangen müssen, liegt auf der Höhe, wo Wissen und Wollen ineinander sind und ineinander übergehen. Nicht darf es für dich heißen: Wie erkläre ich die Ereignisse, die mir begegnen, sondern: Was mache ich aus ihnen? Das ist das tiefe Verstehen, zu dem wir durchdringen müssen. Zwei Menschen erleben ähnliches. Der eine bleibt, was er ist; der andere wächst dadurch am inwendigen Menschen, weil er ihm eine Bedeutung abgewinnt.

Die Grundbedeutung alles Schweren ist, daß wir von dem Äußerlichen auf das Geistige zurückgeworfen werden. Im Sinn und Zweck der Welt, soviel uns daran dunkel bleiben mag, ist eines deutlich: Ziel allen Geschehens ist das Geistige. Daß wir Menschen, daß die Völker, daß die Menschheit immer vollkommener wird, müssen wir als das Ziel des Seins erfassen, und innerlich für die Beurteilung unseres Lebens und des Geschehens um uns her und für das, was wir wollen und worin wir Befriedigung suchen, festhalten. Tun wir es, so ist unser endlicher Geist in Harmonie mit dem Unendlichen.

Haben wir dieses Sehnen, dann kommen wir zum Frieden Gottes.

Die Ereignisse sind wie die Gebirge und Hügel, die den Fluß aus seiner geraden Bahn abdrängen, ihn in Bogen und Windungen hineinzwingen und ihn doch richtig leiten, weil er anders sich im Lande verirrt hätte und den Weg zum Meere, zu dem er das Sehnen in sich trägt, verfehlt hätte. Und wie der einzelne Mensch in die geistigen Ziele des unendlichen Geistes eingehen muß, wenn er in den Ereignissen ein Werden erleben soll, so auch die Völker. Und wie wir, um Frieden zu finden, an die geistige Zukunft unseres Volkes glauben müssen, so auch an die der Menschheit. Es muß einen Fortschritt geben, es muß eine Menschheit kommen, in der die Völker durch geistige Ziele miteinander geeint sind, und das Höchste erstreben, was es hienieden geben kann. Indes ich dies sage, meine ich nicht, was die, die in den Parlamenten das große Wort führen, zur Zeit vom Völkerbund reden und veranstalten wollen.

Es ist das Tragische unserer Zeit, daß die Ideale, deren wir bedürfen, veräußerlicht und profaniert werden, indem sie gewöhnlich nur den Stoff zu Phrasen abgeben, mit denen man Propaganda betreibt und dem Unidealen einen idealen Vorwand gibt. Was wir als religiöse Menschen denken, hat mit solchen nichts gemein, sondern geht auf das, was unser Herr mit dem Worte «Reich Gottes» ausdrückte, auf etwas, was natürlich aus der immer veredelten Gesinnung der Menschen kommt. In dem widerwärtigen Chaos, das die Menschheit heute darstellt, müssen wir gegen allen Augenschein glauben, daß die durch gemeinsame Ideale geeinte Menschheit einst kommen wird. –

Wohl verlegen die Ereignisse, die sich zwischen den Menschen aufgetürmt haben, zur Zeit den Weg zu dem Reiche Gottes leicht. Hindernisse, die früher so nicht bestanden, sind hinweg zu räumen. Aber wenn in den Herzen der Vielen die Gesinnung, die kommen muß, aufkommt, da ist dies alles überwunden. Dem Geist, wenn er in Reinheit und Kraft auftritt, kann nichts widerstehen. –

Als ich vor Jahren zum letzten Male, schon unter dem Eindruck der dunklen Wolken, die am Horizont standen, euch vom Reiche Gottes redete, sagte ich, daß die Glocke, die seit alters allabendlich vom Münster über unsere Stadt ertönt, mir vorkomme, als ob sie in das Land hinaussänge: Dein Reich komme! und uns daran gemahnt, in dieser Bitte uns täglich einen Augenblick zu sammeln. Die Glocke ist verstummt. Wann wird sie wieder erklingen? Aber in unseren Herzen soll es tönen aus allem Weh, das wir erlebt haben: Dein Reich komme! Wir haben Menschen und Hoffnungen begraben, mehr als je einem Geschlechte zugemutet worden ist. Aber aus der Zerstörung, durch die wir hindurchgegangen sind, wollen wir den Glauben an die Zukunft der Menschheit als das kostbarste Ideal in die neue Zeit hinüberretten und dem kommenden Geschlecht übergeben. Sonne der Hoffnung strahlt uns nicht auf dem Wege. Noch dauert die Nacht, das Morgengrauen des neuen Tages wird unsere Generation wohl nicht mehr erleben. Aber wenn wir den Glauben an das, was kommen muß, gerettet haben, dann zittert Sternenlicht uns Klarheit auf den Weg.

Friede Gottes, komm, erfülle unsere Herzen, hilf uns.

ZUM GEDÄCHTNIS DER TOTEN DES WELTKRIEGES

Sonntag, den 1. Dezember 1918
Predigt zu St. Nicolai

Offenbarung Joh. 21,4: Und Gott wird abwischen alle Tränen von ihren Augen; und der Tod wird nicht mehr sein, noch Leid noch Geschrei noch Schmerz wird mehr sein; denn das Erste ist vergangen.

Zum fünften Mal nun in der Zeit, da der Herbst sich zum Winter neigt, wollen wir nicht nur der Toten gedenken, die starben, weil Alter, Krankheit oder Unglücksfall sie dahinraffte, sondern auch derer, die von Menschenhand im mörderischen Kriege fielen. Wie sind sie gestorben? Das Geschoß hat ihren Leib zerrissen und sie verbluteten, im Drahtgeflecht hingen sie wimmernd und schmachtend tagelang, ohne daß ihnen ein Mensch Hilfe bringen konnte; auf kalter Erde erfroren sie in der Nacht; eine Sprengladung verschüttete sie oder warf sie zerfetzt in die Luft; gurgelnde Wasser zogen das Schiff, auf dem sie fuhren, in die Tiefe; sie rangen mit den Wellen bis zur Erschöpfung oder stemmten sich im Schiffsraum eingeschlossen, in ohnmächtiger Angst gegen die Wände. Die, die nicht im Felde oder auf dem Wasser starben, gingen dahin, nachdem sie für Wochen und Monate alle Qualen im Lazarett erduldet und mit dem Leben um die Existenz eines Krüppels gerungen hatten. War es uns nicht in diesen bangen Monaten, wenn es still und dunkel um uns war, als hörten wir ein Jammern und Klagen von der Erde zum Himmel steigen? Wir wollten uns davor verschließen, aber es half nichts, es klang dennoch in unser Ohr.

Nun gehört dieses Weh der Vergangenheit an, sie haben ausgeduldet, die Menschen, die von Menschenhand litten und starben. Gott hat abgewischt die Tränen von ihren Augen, und Leid und Geschrei und Schmerz sind nicht mehr für sie. –

Wie wollen wir ihr Gedächtnis feiern? Seid ihr schon hinter dem Sarg eines Menschen, der für euch ein Stück Leben bedeutete, dahingegangen und habt da im plötzlichen Entschluß euch mit diesem, dem Leben schon Entrückten, durch ein Gelöbnis verbunden, indem ihr den Entschluß faßtet, im Gedenken an ihn hinfort etwas zu meiden oder zu tun? So glaube ich, müssen wir Menschen aller Völker denen, die in dem Krieg gefallen sind, etwas geloben.

Geben wir ihnen zunächst das Selbstverständlichste und Einfachste, daß wir ihrer nicht vergessen werden. Meint nicht, das sei leicht, die Zeit löscht vieles aus, das wir behalten möchten, und nimmt es uns hinweg, wenn wir uns nicht gegen sie verteidigen. Ich fürchte schon den Tag, wo den Frauen, die ihren Mann im Felde verloren, nicht mehr mit der Teilnahme und der Ehrfurcht, die ihnen gebührt, begegnet wird, und wo die Waisen, deren Vater im Felde starb, nicht mehr die Liebe und Schonung, deren sie bedürfen, zuteil wird. Schon jetzt wird in Worten und Taten vieles versäumt, was wir diesen Hinterlassenen schulden. Ihr aber wappnet euch dagegen, diese Hinterbliebenen sind uns ein heiliges Vermächtnis. Sie müssen es uns nachfühlen, daß wir uns als die Schuldner derer, die draußen starben, betrachten, und es nun in der Art, wie wir gegen sie selbst sind, abzutragen suchen.

Mit diesen Kronen und Kränzen wollen wir die Gräber schmücken. Kein Sturm soll sie verwehen, kein Regen soll sie bleichen. Und wisset, daß Hunderte und Tausende den Kriegshinterbliebenen durch ihre Teilnahmslosigkeit und Roheit weh tun werden, ihr aber, was von diesen versäumt wird, durch euer Mitfühlen gutmachen müßt.

Was sollen wir den Toten noch geloben? Daß ihr Tod nicht nutzlos gewesen. Sie haben sich dahingegeben in allen Ländern, um jeder sein Volk vor dem Grauen des Krieges zu bewahren und ihm die Freiheit zu erhalten. Und jedes Volk muß seinen Toten dafür danken. In den Ländern, denen der Sieg beschieden war, wird die Bedeutung ihres Todes in dem Jubel, der über die Gräber dahinbraust, ausgesprochen. In denen, die unterlagen, gedenkt man ihrer schmerzbewegt. Äußere Umstände entschieden bei den einen, daß der Tod den Sieg besiegelte, bei den andern, daß er ohne Erfolg war. Aber das ist nicht das Letzte an der Bedeutung ihres Todes. Jetzt, wo wir auf den Krieg als etwas Vollendetes zurückblikken, stehen die, die geopfert wurden, als *eine* Schar, in der es keine Unterschiede von Waffen und Nation mehr gibt, als Menschen, die in Leid und Schmerz geeint sind, vor uns und fordern etwas von uns.

Um unserer Schuld willen sind sie dahingegeben. Zu leicht dachte man in allen Völkern von Wohl und Weh des einzelnen Menschen. Zu gering beurteilte man das

Menschenleben, diesen geheimnisvollen, unersetzlichen Wert. Zu leichtsinnig sprach man vom Krieg und dem Elend, das er bringt. Man war gewohnt, so und so viel Menschenleben in Rechnung zu setzen und verherrlichte und besang diese Unmenschlichkeit. So kam, was kommen mußte, aber tausend und tausendfach schwerer, als man es sich vorgestellt hatte. Und so häßlich und grausig, so voll Elend und Jammer, daß keine Verherrlichung mehr möglich ist, sondern nur Schmerz und Entsetzen bleiben.

Dem Geiste der Mitleidlosigkeit sind geopfert die, deren wir heute über jede Schranke von Nationalität hinaus gedenken. Indem wir uns vor ihnen verbeugen und demütigen, geloben wir, daß der Geist, dem sie geopfert wurden, vernichtet sein soll. Die Gesinnung, in der dieses Menschengeschlecht aufgewachsen ist, wollen wir von uns tun als die große Sünde, an der die Welt litt. Unsere Kinder sollen es von uns erfahren und als Vermächtnis in ihr Leben mit hinausnehmen, daß das Gebot «du sollst nicht töten» eine viel tiefere Bedeutung hat, als die Menschen, die uns erzogen, und wir selbst für wahr gelten ließen. Die Millionen, die töten mußten, weil es so gekommen war, daß Befehl und Notwehr sie dazu gezwungen, sollen das Furchtbare, was sie dabei mit sich durchmachen mußten, auf alle kommenden Geschlechter der Welt bringen, daß keines mehr sich in solches Schicksal begebe.

Ehrfurcht vor Menschenleid und Menschenleben, vor dem Kleinsten und Unscheinbarsten sei das eherne Gesetz, das hinfort die Welt regiere. Und nicht wollen wir damit neue Phrasen an Stelle der alten setzen, oder meinen, daß mit tönenden Reden und Erklärungen in dieser Sache etwas getan sei, sondern wissen, daß es nur die tiefinnerliche Gesinnung, von Mensch zu Mensch sich mitteilend, ist, die in der Welt solches vermögen wird. Indem die Gefallenen der Gesinnung, die das Wort «du sollst nicht töten», noch nicht ganz verstand, geopfert wurden, haben sie für uns gesühnt die Schuld, die auf uns lag, sie ist durch das, was sie erduldet, von uns genommen, so daß die neue Zeit kommen kann und wir an ihr arbeiten dürfen.

Die Wege, durch die Gott die Menschen führt, sind uns dunkel. Nur zwei in sich zusammenhängende und an sich selbst rätselhafte Grundgesetze zeichnen sich in bestimmten Umrissen für uns ab: Daß alle Schuld erstens Sühne heischt und zweitens aller Fortschritt Opfer verlangt, wobei alles in Menschenleben, die dazu gewählt sind, bezahlt wird. Wir ahnen dies mehr, als wir es verstehen. Es bleibt uns furchtbar, wie viele Gesetze der Natur, aber wir müssen uns darunter beugen. Als Kinder einer gewaltigen Zeit verstehen wir das Geheimnisvolle in der Schrift besser als andere Geschlechter vor uns. Und vor allem sind es dunkle Gedanken des Apostels Paulus, die sich für uns erhellen. Weissagend spricht er zu uns, daß nicht nur Christus leiden mußte, sondern daß sich sein unschuldiges Leiden und Sterben in der Menschheit fortsetzen müsse, damit das Reich Gottes kommen könne. Und was die Menschen der gewöhnlichen Zeit nicht verstehen, das tut sich vor uns auf, denn es ist vor unsern Augen geschehen, da Gott es zuließ, daß Millionen unschuldig litten und starben. Wie die Jünger wußten, daß der Tod des Herrn bedeute, daß etwas Neues in der Welt kommen müsse, so wissen wir es, indem wir auf die schauen, die wir beweinen. Und so gewaltig das Opfer, so gewaltig muß das Neue sein, das dadurch erkauft ist und das wir verwirklichen sollen.

Horchet hin und vernehmet das Rauschen des Reiches Gottes in den Lüften, wie noch kein Geschlecht es vernehmen konnte. Wir sind berufen, den Schritt zu tun, den die Menschheit bisher nicht tun konnte, wir können nicht anders, die Toten helfen uns dazu und zwingen uns dazu. Nicht Leid noch Geschrei noch Schmerz wird mehr sein, denn das erste ist vergangen; das erste ist die Welt, in der keine Ehrfurcht vor dem Menschenleben war, und die sich selbst aus der göttlichen Liebe heraus unter die Gewalt des Elends gestellt hat, das Menschen über Menschen bringen können. Das zweite, das andere, ist das Reich Gottes, für das Jesus, für das die Millionen in diesen Monaten gestorben sind, wenn wir nicht als das Geschlecht, das hört und doch nicht hört, und das sieht und doch nicht sieht, ihren Tod für die Welt vergeblich machen. –

Noch eins: Die unter uns, die überlebend geblieben sind –, sei es, daß sie wunderbar aus hundertfacher Gefahr gerettet wurden, sei es, daß das Schicksal es ihnen ersparte wie die andern fort und fort dem Tode und dem Verderben ins Auge sehen zu müssen –, sie dürfen dies nicht als etwas Selbstverständliches hinnehmen, sondern müssen sich fühlen als solche, die aus dem Tode wieder zum Leben erstanden sind. Gott hat ihnen das Dasein in Gnaden wieder gegeben, damit sie es neu gebrauchen. Paulus spricht es des öfteren aus, daß wir Christen uns betrachten sollen als solche, die mit Christus gestorben und mit ihm zu neuem Dasein erstanden sind, daß wir hinfort in einem neuen Leben wandeln.

Wer soll das Wort verstehen, wie wir es verstehen können? Für wen kann es so gelten, wie für die Millionen unter uns, die in diesen Jahren in den Tod gegeben wurden, und wenn sie die Sonne schauen, erstaunen, daß sie noch leben, und daß morgen der gewohnte Tod nicht mehr droht?

In den Offenbarungen des Neuen und des Alten Testamentes von dem Kommen des Reiches Gottes am Ende der Tage heißt es, daß Christus es aufrichten wird, umgeben und in der Kraft von Tausenden und Abertausenden von Auferstandenen. Und wenn es ein Deuten jener Geheimnisse gibt, so wage ich, es auf unsere Zeit zu beziehen, auf uns, die Unzähligen, die wir aus dem Tode wieder zum Leben gekommen sind. Durch das, was wir erlebt haben an Elend, das wir um uns sahen, an Weh und Tod, die wir selber anrichten mußten, an Grauen über uns selbst, sind wir bereitet, wenn es je ein Geschlecht auf der Welt sein kann, den furchtbaren Ernst der Dinge zu erfassen, die Gedanken, in denen sich die neue Zeit, die dem Reiche Gottes gleicht, gestalten soll, zu denken und mit reinen Händen als neue Menschen an dem, was kommen muß, zu arbeiten.

Wenn ich Bekannte sehe, die aus dem Felde heimkamen, ist es mir oft, als hätte sich ihr Gesicht verändert, als stände von all dem Furchtbaren, in dem sie sich befanden, etwas Geheimnisvolles in ihren Zügen und schauten sie in ihren Gedanken weiter hinaus als früher. Ich verspüre dann etwas von dem Anfang einer neuen, vertieften und geläuterten Menschheit. Ist es ein Anfang, auf den etwas folgt oder ein Anfang, der bald verkümmert, wenn die Gedankenlosigkeit des gewohnten Alltags wieder ihr Recht begehrt oder gebotene Zerstreuungen die Sinne ablenken? Gott bewahre uns davor! Von uns als den aus dem Tod Überlebenden hängt es ab, ob die Gefallenen für die Entwicklung der Menschheit zum Reiche Gottes vergebens gefallen sind, oder ob Frucht aus ihrem Leiden und Sterben kommt. Was wir versäumen, kann auf Jahrhunderte kein Geschlecht der Welt nachholen, darum wollen wir ihnen vor Gott und Jesus versprechen, daß wir tun, wozu wir berufen sind. Und laßt euch nicht irre machen, wenn viele um euch herum die Zeichen der Zeit nicht verstehen und in Äußerlichkeiten aufgehen, sondern wisset, daß wenn nur wir denken und tun, was getan werden muß, ein Segen für die Welt daraus entstehen wird.

So wollen wir der Toten gedenken.

ERSTE PREDIGT ÜBER DIE EHRFURCHT VOR DEM LEBEN

Sonntag, den 16. Februar 1919
Morgenpredigt zu St. Nicolai

Mk. 12,28–34: Und es trat zu ihm der Schriftgelehrten einer, der ihnen zugehört hatte, wie sie sich miteinander befragten und sah, daß er ihnen fein geantwortet hatte und fragte ihn: Welches ist das vornehmste Gebot von allen? Jesus aber antwortete ihm: Das vornehmste Gebot vor allen Geboten ist das: Höre, Israel, der Herr, unser Gott, ist ein einiger Gott; und du sollst Gott, deinen Herrn lieben von ganzem Herzen, von ganzer Seele, von ganzem Gemüte und von allen deinen Kräften. Das ist das vornehmste Gebot. Und das andere ist ihm gleich: Du sollst deinen Nächsten lieben als dich selbst. Es ist kein anderes Gebot größer denn dieses. Und der Schriftgelehrte sprach zu ihm: Meister, du hast wahrlich recht geredet; denn es ist e i n Gott, und ist kein anderer außer ihm; und ihn lieben von ganzem Herzen, von ganzem Gemüte, von ganzer Seele und von allen Kräften, und lieben seinen Nächsten als sich selbst, das ist mehr denn Brandopfer und alle Opfer. Da Jesus aber sah, daß er vernünftig antwortete, sprach er zu ihm: Du bist nicht ferne von dem Reich Gottes. Und es wagte ihn niemand weiter zu fragen.

Der Schriftgelehrte, der die Frage nach dem großen Gebot an Jesus stellt, ist lernbegierig. Er möchte Bescheid haben über etwas, das ihn wie andere Volksgenossen beschäftigt hat. Im Evangelium Matthäus, dem Berichte des 22. Kapitels zufolge, stellen Schriftgelehrte diese Frage an Jesus, um ihn zu versuchen. Aber der Evangelist Markus hat sicher die bessere Erinnerung, wenn er den sympathischen Auftritt schildert, in dem Jesus und die Schriftgelehrten sich für einen Augenblick verstehen und sich ins Herz schauen, um dann wieder auseinanderzugehen.

Damals wurde unter den denkenden Israeliten die Frage erwogen, wie alle Gesetze und Gesetzlein auf ein Grundgesetz zurückzuführen seien. Auch wir haben ein ähnliches Bedürfnis. Was ist das Gute an sich? Ich las euch die ewigen Worte unseres Herrn vom Verzeihen, von der Barmherzigkeit, von der Liebe und von allen anderen Eigenschaften vor, die wir als seine Jünger in der Welt bewähren sollen. Aber wir haben alle das Empfinden, daß dies nur die Farben sind, in denen sich das weiße Licht einer sittlichen Grundgesinnung, wie er sie von uns verlangt, bricht.

Über diese Frage, was denn das Grundgebot aller Sittlichkeit sei und was die sittliche Grundgesinnung, möchte ich in dieser Stunde mit euch nachdenken, um dann mehrere Andachten den Fragen der christlichen Sittlichkeit zu widmen, die ich in der Ferne, in der Einsamkeit des Urwaldes überdacht habe, in dem Gedenken an diese Gottesdienste zu St. Nicolai und in der Hoffnung, euch einmal davon reden zu dürfen.

Die Frage nach dem Grundwesen des Sittlichen drängt sich uns in dieser Zeit auf. Wir werden zu einer Erkenntnis gedrängt, vor der sich die Generationen vor uns und wir selber bisher immer gesträubt haben, der wir aber doch nicht entgehen können, wenn wir wahrhaft sein wollen: Die christliche Sittlichkeit ist zu keiner Macht in der Welt geworden. Sie ist nicht tief in die Menschengemüter eingedrungen, sondern nur mehr äußerlich angenommen worden, mehr in Worten anerkannt als in der Tat geübt. Die Menschheit steht so vor uns da, als ob die Worte Jesu für sie nicht existierten, als ob es für sie überhaupt keine Sittlichkeit gäbe.

Darum nützt es gar nichts, die sittlichen Gebote Jesu einfach immer wieder zu wiederholen und auszulegen, als müßten sie sich zuletzt so dennoch allgemeine Anerkennung verschaffen. Dies wäre, als wenn man mit schönen Farben auf eine nasse Mauer malen wollte. Wir müssen erst die Voraussetzungen für das Verständnis derselben schaffen, und unsere Welt zur Gesinnung führen, in der sie etwas für sie bedeuten, und es ist gar nicht so einfach, die Worte Jesu so auszulegen, daß sie praktisch im Leben verwendbar sind. Nehmen wir die Sprüche, die das größte Gebot ausmachen. Was heißt denn das, Gott lieben von ganzem Herzen und aus Liebe zu ihm nur das Gute tun? Geh diesem Gedanken nach, und eine Welt von Überlegungen tut sich vor dir auf. Wann in deinem Leben hast du das Gute getan aus Liebe zu Gott, wo du sonst das Schlechte gewählt hättest?

Und fasse das andere Wort an: «Du sollst deinen Nächsten lieben als dich selbst». Es ist wahr, es ist wunderbar. Ich könnte es euch in den schönsten Beispielen auslegen. Aber ist es durchführbar? Nimm an, du wolltest von morgen an wörtlich danach leben, zu welchen Konsequenzen kämest du in einigen Tagen?

Das ist das große Rätsel der christlichen Sittenlehre, daß wir die Worte Jesu nicht so ohne weiteres ins Leben übersetzen können, auch mit dem heiligsten Willen ihm zu dienen. Daraus ergibt sich dann die große Gefahr, daß wir ihnen eine ehrerbietige Referenz machen und sie als «ideal» preisen, in der Wirklichkeit aber nicht zu Worte kommen lassen.

Noch ein anderes Mißverständnis wird der Verwirklichung der christlichen Moral gefährlich. Sie macht leicht hochmütig. Wenn wir unsern Feinden vergeben, kommen wir uns furchtbar gut vor, wenn wir den, der unserer Hilfe bedarf, unterstützen, erscheinen wir uns selber sehr edel. Für das wenige, das wir vielleicht im Geiste Christi anders und besser tun als die andern, fühlen wir uns ihnen so überlegen, daß diese unsittliche Selbstbefriedigung uns oft fast unsittlicher macht als die, die die Gebote Jesu für ihr Leben nicht so anzuerkennen bestrebt sind wie wir. Es wird uns schwer vor uns selber, die Anforderungen Jesu, weil sie so etwas Außerordentliches verlangen, als etwas Selbstverständliches anzusehen, obwohl er es von uns verlangt, da er sagt, daß wir, wenn wir auch noch so viel getan haben, uns als unnütze Knechte fühlen sollen.

Das ist's also, warum wir miteinander über das Gute an sich nachdenken müssen: Wir wollen verstehen, wie die hochgespannten Forderungen Jesu im täglichen Leben als erfüllbar sich ausnehmen und wir wollen sie, obwohl so hochgespannt, als selbstverständliche Pflicht der Menschen als solche begreifen können. –

Wir wollen das Grundwesen des Sittlichen begreifen und aus diesem wie aus einem obersten Gesetz alles sittliche Handeln ableiten. Ja, aber ist an der Sittlichkeit überhaupt etwas zu begreifen? Ist sie nicht Herzenssache? Beruht sie nicht in der Liebe? Das hat man uns zweitausend Jahre wiederholt – und was ist das Resultat?

Betrachten wir die Gesamtheit der Menschen um uns herum und die Einzelnen, warum sind sie in vielem so haltlos? Warum sind sie fähig, auch die frömmsten unter ihnen und oft gerade diese, sich durch Vorurteile und Volksleidenschaften zu einem Urteilen und Handeln hinreißen zu lassen, das gar nichts Sittliches mehr hat? Weil es ihnen an einer auf Vernunft gegründeten, in der Vernunft logisch begründeten Sittlichkeit fehlt; weil ihnen Sittlichkeit nicht etwas mit dem Vernunftwesen als selbstverständlich Gegebenes ist.

Vernunft und Herz müssen miteinander wirken, wenn eine wahre Sittlichkeit zustande kommen soll. Darin liegt das Problem für alle allgemeinen Fragen der Sittlichkeit und für die Entscheide in den Dingen des täglichen Lebens.

Ich sage Vernunft: Ein in die Tiefe der Dinge gehender und die Gesamtheit der Dinge umfassender, in das Gebiet des Willens hinübergreifender Verstand.

Das ist das merkwürdige Zwiespältige, das wir erleben, wenn wir uns im Hinblick auf den sittlichen Willen in uns selber zu verstehen suchen: Wir bemerken, daß er einerseits mit der Vernunft zusammenhängt, andererseits, daß wir damit zu Entschlüssen gedrängt werden, die im gewöhnlichen Begriffe nicht mehr vernünftig sind, sondern Forderungen entsprechen, die man gemeinhin als überspannt ansehen würde. In diesem Zwiespalt, in dieser merkwürdigen Spannung, hängt das Wesen des Sittlichen. Die Angst, daß eine auf der Vernunft begründete Sittlichkeit etwas zu niedrig Eingestelltes, Kaltes, Herzloses sei, ist unbegründet, denn so wie die Vernunft wahrhaft in die Tiefe der Fragen geht, hört sie auf, kühle Vernunft zu sein und fängt an, ob sie will oder nicht, mit in den Tönen des Herzens zu reden. Und das Herz selbst, sowie es sich zu ergründen sucht, entdeckt, daß sein Gebiet in das der Vernunft hineinragt, daß es durch das Land der Vernunft ziehen muß, um an die letzten Grenzen seines Bezirkes zu kommen. Wie geht das zu?

Nun wollen wir den Weg zum Urbegriff des Guten zuerst vom Herzen und dann von der Vernunft aus gehen und sehen, ob beide sich begegnen.

Das Herz sagt, das Sittliche beruht in der Liebe. Ergründen wir dieses Wort. Liebe bedeutet Wesensharmonie, Wesensgemeinschaft und gilt ursprünglich in dem Bereich von Personen, die sich in irgend einer Weise natürlich angehören, daß ihre Existenzen in einem inneren Zusammenhange miteinander stehen: Kinder und Eltern, Gatten und Menschen, die sich in enger Freundschaft nahe gekommen. Und nun sollen wir, verlangt die Sittlichkeit, auch den Menschen, die wir nicht kennen, gegenüber nicht das Gefühl der Fremdheit haben dürfen, auch denen gegenüber, die uns mehr sind als fremd, weil wir Abneigung gegen sie haben oder sie uns Feindschaft beweisen, sondern uns zu ihnen verhalten müssen, als stünden sie uns nahe. Das Gebot der Liebe heißt also im letzten Grunde: Es gibt für dich keine Fremden, sondern nur Menschen, deren Wohl und Wehe dir angelegen sein muß. Es ist uns etwas so Natürliches, daß uns die einen nahe angehen und die andern indifferent sind, und dieses Natürliche will die Sittlichkeit nicht gelten lassen? Und Jesus hebt dieses Fremdsein so weit auf, daß er sagt: Der andere Mensch muß dir so nahe stehen wie du dir selber; du mußt, was ihn angeht, so unmittelbar erleben, wie das, was dich betrifft.

Weiter soll das Herz auslegen, was das heißt, du sollst Gott lieben von ganzem Herzen und von ganzem Gemüte und von allen deinen Kräften! Gott, dieses ferne unergründliche Wesen lieben! Hier wird zwar deutlich, daß das Wort, wo es sittlich gemeint ist, in übertragener Bedeutung gebraucht wird. Gott, der unserer nie bedarf, sollen wir lieben als wäre er ein Wesen, dem wir im Leben begegnen? Ist den Menschen gegenüber Liebe etwas wie Miterfahren, Mitleiden und Helfen, so bedeutet es Gott gegenüber etwas im Sinne von ehrfürchtiger Liebe. Gott ist das unendliche Leben. Also bedeutet das elementarste Sittengesetz, mit dem Herzen begriffen: Aus Ehrfurcht zu dem unbegreiflich Unendlichen und Lebendigen, das wir Gott nennen, sollen wir uns niemals einem Menschenwesen gegenüber als fremd fühlen dürfen, sondern uns zu helfendem Miterleben zwingen.

Soweit das Herz, wenn es das Gebot der Liebe zu Gott und dem Nächsten auf seinen allgemeinsten Ausdruck zu bringen sucht.

Nun rede die Vernunft. Sie suche, als wäre uns nichts über Sittlichkeit überliefert, wie weit sie im Nachdenken über die Dinge zu etwas gelangt, das unser Handeln bestimmt. Wird auch sie uns nötigen, aus uns selbst herauszutreten?

In der Vernunft, hört man gewöhnlich sagen, ist nur der Egoismus begründet. Wie mache ich es, daß ich es gut habe? Das ist ihre Weisheit, weiter nichts. Bestenfalls kann sie uns eine gewisse Ehrbarkeit und Gerechtigkeit lehren, weil diese mehr oder weniger zum Gefühl des

Glückes gehören: Vernunft ist Bedürfnis nach Erkennen und Bedürfnis nach Glück, beide innerlich geheimnisvoll zusammenhängend.

Bedürfnis nach Erkennen! Suche zu ergründen alles, was um dich herum ist, gehe bis an die äußersten Grenzen des menschlichen Wissens und immer stößt du zuletzt auf etwas Unergründliches, – und dies Unergründliche heißt: Leben! Und dies Unergründliche ist so unergründlich, daß der Unterschied zwischen Wissend und Unwissend ein ganz relativer ist.

Welches ist der Unterschied zwischen einem Gelehrten, der die kleinsten und ungeahntesten Lebenserscheinungen im Mikroskop beobachtet und dem alten Landmann, der kaum lesen und schreiben kann, wenn er im Frühling sinnend in seinem Garten steht und die Blüte betrachtet, die am Zweige des Baumes aufbricht? Beide stehen vor dem Rätsel des Lebens, und einer kann es weitgehender beschreiben wie der andere, aber für beide ist es gleich unergründlich. Alles Wissen ist zuletzt Wissen vom Leben und alles Erkennen Staunen über das Rätsel des Lebens – Ehrfurcht vor dem Leben in seinen unendlichen, immer neuen Gestaltungen. Was ist denn das, daß etwas entsteht, ist, vergeht? In andern Existenzen sich erneut, wieder vergeht, wieder entsteht und so fort und fort, von Unendlichkeit zu Unendlichkeit? Wir können alles und wir können nichts, denn wir vermögen in aller unserer Weisheit nicht zu schaffen, was lebt, sondern was wir hervorbringen ist tot!

Leben heißt: Kraft, Wille aus dem Urgrund kommend, in ihm wiederaufgehend, heißt Fühlen, Empfinden, Leiden –. Und vertiefst du dich ins Leben, schaust du mit sehenden Augen in das gewaltige belebte Chaos dieses Seins, dann ergreift es dich plötzlich wie ein Schwindel. In allem findest du dich wieder. Der Käfer, der tot am Wege liegt – er war etwas, das lebte, um sein Dasein rang wie du, an der Sonne sich erfreute wie du, Angst und Schmerzen kannte wie du, und nun nichts mehr ist, als verwesende Materie – wie du über kurz oder lang sein wirst. –

Du gehst draußen und es schneit. Achtlos schüttelst du den Schnee von den Ärmeln. Da mußt du schauen: Eine Flocke glänzt auf deiner Hand. Du mußt sie schauen, ob du willst oder nicht, sie glänzt in wundervoller Zeichnung; dann kommt ein Zucken in sie: Die feinen Nadeln, aus denen sie besteht, ziehen sich zusammen, sie ist nicht mehr – geschmolzen, gestorben auf deiner Hand. Die Flocke, die aus dem unendlichen Raum auf deine Hand fiel, dort glänzte, zuckte und starb – das bist du. Überall wo du Leben siehst – das bist du!

Was ist also das Erkennen, das gelehrteste wie das kindlichste: Ehrfurcht vor dem Leben, vor dem Unbegreiflichen, das uns im All entgegentritt und das ist wie wir selbst, verschieden in der äußeren Erscheinung und doch innerlich gleichen Wesens mit uns, uns furchtbar ähnlich, furchtbar verwandt. Aufhebung des Fremdseins zwischen uns und den andern Wesen.

Ehrfurcht vor der Unendlichkeit des Lebens – Aufhebung des Fremdseins – Miterleben, Mitleiden –. Das letzte Ergebnis des Erkennens ist also dasselbe im Grunde, was das Gebot der Liebe uns gebeut. Herz und Vernunft stimmen zusammen, wenn wir wollen und wagen, Menschen zu sein, die die Tiefe der Dinge zu erfassen suchen!

Und die Vernunft entdeckt das Mittelstück zwischen der Liebe zu Gott und der Liebe zu den Menschen – die Liebe zur Kreatur, die Ehrfurcht vor allem Sein, das Miterleben allen Lebens, mag es dem unseren äußerlich noch so unähnlich sein.

Ich kann nicht anders als Ehrfurcht haben vor allem was Leben heißt, ich kann nicht anders als Mitempfinden mit allem was Leben heißt: Das ist der Anfang und das Fundament aller Sittlichkeit. Wer dieses einmal erlebt hat und weitererlebt – und wer es einmal erlebt hat, erlebt es immer weiter – der ist sittlich. Er trägt seine Sittlichkeit in sich unverlierbar, und sie entwickelt sich in ihm. Wer es nicht erlebt hat, der hat nur eine angelernte Sittlichkeit, die nicht in sich gegründet ist, ihm nicht gehört, sondern von ihm abfallen kann. Und das Furchtbare ist, daß unser Geschlecht nur die angelernte Sittlichkeit hatte, die in der Zeit, wo es Sittlichkeit bewähren sollte, von ihm abgefallen ist. Seit Jahrhunderten wurde es nur mit der angelernten Sittlichkeit erzogen. Es war roh, unwissend, herzlos, ohne es zu ahnen, weil es den Maßstab für das Sittliche noch nicht besaß, da es keine allgemeine Ehrfurcht vor dem Leben besaß.

Du sollst Leben miterleben und Leben erhalten – das ist das größte Gebot in seiner elementarsten Form. Anders negativ ausgedrückt: Du sollst nicht töten –. Das Verbot, mit dem wir es so leicht nehmen, indem wir geistlos die Blumen brechen, geistlos das arme Insekt zertreten und dann geistlos, in furchtbarer Verblendung, weil alles sich rächt, das Leiden und das Leben der Menschen mißachten und es kleinen irdischen Zielen opfern. –

Man redet viel in unserer Zeit vom Aufbau einer

neuen Menschheit. Was ist der Aufbau der neuen Menschheit? Nichts anderes als die Menschen zur wahren, eigenen, unverlierbaren, entwickelbaren Sittlichkeit führen. Aber sie kommt nicht dazu, wenn die vielen Einzelnen nicht in sich gehen, aus Blinden Sehende werden und anfangen, das große Gebot zu buchstabieren, das große, einfache Gebot, das da heißt: Ehrfurcht vor dem Leben, in dem mehr hängt als das Gesetz und die Propheten, in dem hängt die ganze Sittlichkeit der Liebe, in ihrem tiefsten und höchsten Sinn, und aus dem sie sich für den Einzelnen und die Menschen immer wieder erneuert.

ZWEITE PREDIGT ÜBER DIE ETHISCHEN PROBLEME UND DIE EHRFURCHT VOR DEM LEBEN

Sonntag, den 23. Februar 1919
Morgenpredigt zu St. Nicolai

Röm. 14,7: Denn unser keiner lebt sich selber, und keiner stirbt sich selber.

Die Probleme der Sittlichkeit sollten uns, so sagte ich euch vergangenen Sonntag, in unsern nächsten Andachten beschäftigen.

Im Anschluß an die Frage nach dem größten Gebot des alten Testamentes, die Jesus dem fragenden Schriftgelehrten beantwortet, indem er ihm zwei Gebote – das Gebot der Liebe zu Gott und das Gebot der Liebe zum Nächsten – zusammenstellt, warfen wir die Frage nach dem Wesen des Sittlichen, nach dem letzten Grundprinzip der Moralität auf. Wir wollten uns nicht bei dem hergebrachten Bescheide, daß das Wesen des Sittlichen in der Liebe bestehe, begnügen, sondern gingen weiter und fragten: Was ist denn die Liebe? Was ist die Liebe zu Gott, die uns zwingt, gegen die Menschen gut zu sein? Was ist die Liebe gegen den Nächsten? – Und wir befragten nicht nur das Herz, sondern auch die Vernunft über das Sittliche, weil wir die Schwäche unserer Zeit darin sehen, daß es ihr an einer vernünftigen, durch keine Vorurteile und durch keine Leidenschaften zu zerstörenden Sittlichkeit fehlte und weil wir überhaupt nicht annehmen können, daß Vernunft und Herz so ohne Bemühen nebeneinander hergehen. Das wahre Herz überlegt, und die wahre Vernunft empfindet. Wir fanden, daß beide, Herz und Vernunft, darin übereinstimmen, daß das Gute im letzten Grunde in der elementaren Ehrfurcht vor dem Rätselhaften, das wir Leben nennen, besteht, in der Ehrfurcht vor allen seinen Erscheinungen, den kleinsten wie den größten besteht. Gut ist: Leben erhalten und fördern; schlecht ist: Leben hemmen und zerstören. Sittlich sind wir, wenn wir aus unserm Eigensinn heraustreten, die Fremdheit den anderen Wesen gegenüber ablegen und alles, was sich von ihrem Erleben um uns abspielt, miterleben und miterleiden. In dieser Eigenschaft erst sind wir wahrhaft Menschen; in ihr besitzen wir eine eigene, unverlierbare, fort und fort entwickelbare, sich orientierende Sittlichkeit.

Diese allgemeinen Ausdrücke «Ehrfurcht vor dem Leben», «Aufgeben des Fremdseins», «Drang nach Erhaltung des Lebens» um uns herum, klingen kalt und nüchtern. Aber wenn es auch unscheinbare Worte sind, können sie doch reich sein. Das Samenkorn ist auch unscheinbar und doch trägt es das Gebilde, das aus ihm herauswächst, in sich. So liegt in diesen unscheinbaren Worten die Grundanschauung beschlossen, aus der sich die ganze Sittlichkeit entwickelt, ob dies den Einzelnen bewußt ist oder nicht. Voraussetzung der Sittlichkeit ist also, daß wir alles, was nicht nur die Menschen, sondern überhaupt alle Wesen um uns herum erleben, miterleben und dadurch gezwungen werden, alles, was wir zur Erhaltung und Förderung des Lebens tun können, zu tun.

Der große Feind der Sittlichkeit ist die Abstumpfung. Als Kinder hatten wir, soweit unser Verständnis für die Dinge ging, eine elementare Fähigkeit des Mitleidens. Aber diese Fähigkeit ist mit den Jahren und mit dem zunehmenden Verständnis nicht gewachsen. Sie war uns etwas Unbequemes, Verwirrendes. Wir sahen so viele Menschen, die sie nicht mehr besaßen. Dann drängten auch wir die Empfindsamkeit zurück, um zu werden wie die andern, um nicht anders zu sein als sie und weil wir uns nicht Rat wußten. So werden die vielen Menschen wie Häuser, bei denen sich ein Laden nach dem andern schließt und die dann kalt und fremd in die Straße hineinschauen.

Gut bleiben, heißt wach bleiben! Wir gleichen alle dem Menschen, der draußen in der Kälte und im Schnee geht. Wehe ihm, wenn er sich hinsetzt, um der Ermattung nachzugeben und zu schlafen: Er wird nicht mehr erwachen. So erstirbt der sittliche Mensch in uns, wenn wir müde werden, was die andern Wesen um uns herum erleben, mitzuerleben, mit ihnen zu leiden. Wehe uns, wenn unsere Empfindsamkeit sich abstumpft: Unser Gewissen im weitesten Sinne, das heißt das Bewußtsein von dem, was wir sollen, geht damit zugrunde.

Die Ehrfurcht vor dem Leben und das Miterleben des andern Lebens ist das große Ereignis für die Welt. Die Natur kennt keine Ehrfurcht vor dem Leben. Sie bringt tausendfältig Leben hervor in der sinnvollsten Weise und zerstört es tausendfältig in der sinnlosesten Weise. Durch alle Stufen des Lebens hindurch bis in die Sphäre des Menschen hinan ist furchtbare Unwissenheit über die Wesen ausgegossen. Sie haben nur den Willen zum Leben, aber nicht die Fähigkeit des Miterlebens, was in andern Wesen vorgeht; sie leiden, aber sie können nicht mitleiden. Der große Wille zum Leben, der die Natur erhält, ist in rätselhafter Selbstenzweiung mit sich selbst. Die Wesen leben auf Kosten des Lebens anderer Wesen. Die Natur läßt sie die furchtbarsten Grausamkeiten begehen. Sie leitet Insekten durch Instinkt an, mit ihrem Stachel Insekten anzubohren und ihre Eier in sie hineinzulegen, daß das, was sich aus dem Ei entwickelt, von der Raupe leben und sie damit zu Tode quälen soll. Sie leitet die Ameisen an, sich zusammenzutun und ein armes kleines Wesen anzufallen, um es zu Tode zu hetzen. Schaue der Spinne zu! Wie grauenvoll ist das Handwerk, das sie die Natur gelehrt!

Die Natur ist schön und großartig, von außen betrachtet, aber in ihrem Buche zu lesen, ist schaurig. Und ihre Grausamkeit ist so sinnlos! Das kostbarste Leben wird dem niedersten geopfert. Einmal atmet ein Kind Tuberkelbazillen ein. Es wächst heran, gedeiht, aber Leiden und früher Tod sitzen in ihm, weil diese niedersten Wesen sich in seinen edelsten Organen vermehren. Wie oft packte mich in Afrika das Entsetzen, wenn ich das Blut eines Schlafkranken untersuchte. Warum saß der Mann mit leidenverzerrtem Gesicht da und stöhnte: Oh, mein Kopf, mein Kopf! Warum mußte er Nächte hindurch weinen und elend sterben? Weil da, unter dem Mikroskop feine, kleine, blasse Körperchen zehn bis vierzehn tausendstel Millimeter lang vorhanden waren – oh nicht viele, oft nur ganz wenige, so daß man zuweilen Stunden suchen mußte, um nur eines zu entdecken!

So steht auch durch die rätselhafte Entzweiung in dem Willen zum Leben Leben gegen Leben und schafft dem andern Leiden und Tod, schuldlos schuldig. Die Natur lehrt grausigen Egoismus, nur dadurch auf kurze Zeit unterbrochen, daß sie in die Wesen den Trieb gelegt hat, dem Leben, das von ihnen abstammt, so lange es ihrer bedarf, Liebe und Helfen entgegenzubringen. Aber daß das Tier seine Jungen mit Selbstaufopferung bis zum Tode liebt, also hier mitfühlen kann, macht es nur noch schrecklicher, daß ihm das Mitleiden für die Wesen, die nicht in dieser Weise mit ihm zusammengehören, versagt ist.

Die Welt, dem unwissenden Egoismus überantwortet, ist wie ein Tal, das im Finstern liegt; nur oben auf den Höhen liegt Helligkeit. Alle müssen in dem Dunkel leben, nur eines darf hinaus, das Licht schauen: Das höchste, der Mensch. Er darf zur Erkenntnis der Ehrfurcht vor dem Leben gelangen, er darf zu der Erkenntnis des Miterlebens und Mitleidens gelangen, aus der Unwissenheit heraustreten, in der die übrige Kreatur schmachtet.

Und diese Erkenntnis ist das große Ereignis in der Entwicklung des Seins. Hier erscheinen die Wahrheit und das Gute in der Welt; das Licht glänzt über dem Dunkel; der tiefste Begriff des Lebens ist erreicht, das Leben, das zugleich Miterleben ist, wo in einer Existenz der Wellenschlag der ganzen Welt gefühlt wird, in einer Existenz das Leben als solches zum Bewußtsein seiner selbst kommt ... das Einzeldasein aufhört, das Dasein außer uns in das unsrige hereinflutet.

Wir leben in der Welt und die Welt lebt in uns. Um diese Erkenntnis selbst türmen sich die Rätsel. Warum gehen Naturgesetz und Sittengesetz so auseinander? Warum kann unsere Vernunft nicht einfach übernehmen und fortbilden, was ihr als Äußerung des Lebens in der Natur entgegentritt, sondern muß mit ihrem Erkennen in einen so ungeheuren Gegensatz zu allem, was sie sieht, kommen? Warum muß sie ganz andere Gesetze in sich entdecken, als die, die die Welt regieren? Warum muß sie mit der Welt zerfallen, wo sie den Begriff des Guten erreicht? Warum müssen wir diesen Widerstreit erleben, ohne Hoffnung, ihn jemals ausgleichen zu können? Warum statt der Harmonie die Zerrissenheit? Und weiter. Gott ist die Kraft, die alles erhält. Warum ist der Gott, der sich in der Natur offenbart, die Verneinung von allem, was wir als sittlich empfinden, nämlich zugleich sinnvoll Leben aufbauende und sinnlos Leben zerstörende Kraft? Wie bringen wir Gott, die Naturkraft, in eins mit Gott, dem sittlichen Willen, dem Gott der Liebe, wie wir ihn uns vorstellen müssen, wenn wir uns zu höherem Wissen vom Leben, zur Ehrfurcht vor dem Leben, zum Miterleben und Mitleiden erhoben haben?

Als wir vor einigen Sonntagen miteinander über optimistische und pessimistische Weltanschauung ins klare zu kommen suchten, sagte ich euch, daß es ein großes Unglück für unsere Menschheit sei, daß man ihr keine geschlossene, in sich einfach gefügte Weltanschauung bieten könne, weil das Wissen, je weiter es fortschreitet, uns immer mehr von einer solchen abführt. Und dies nicht nur, weil immer deutlicher wird, wie wenig wir eigentlich im Wissen erfassen können, sondern auch, weil dies Widerspruchsvolle im Sein sich immer tiefer auftut. Unser Wissen ist Stückwerk, sagt der Apostel Paulus. Damit ist viel zu wenig gesagt. Noch schwerer ist, daß unser Wissen eine Einsicht in unlösbare Gegensätze bedeutet ... alle zurückgehend auf den einen, daß das Gesetz, nach dem sich das Geschehen vollzieht, nichts von dem an sich hat, was wir als sittlich erkennen und empfinden.

Statt unsere Sittlichkeit in einer geschlossenen Weltanschauung und in einem einheitlichen Gottesbegriff festigen zu können, müssen wir sie immer gegen die Widersprüche aus der Weltanschauung schützen, die wie eine vernichtende Brandung gegen sie heranströmen. Wir müssen einen Damm aufführen – und wird er halten?

Das andere, was uns die Fähigkeit und den Willen zum Miterleben bedroht, ist die sich immer wieder aufdrängende Überlegung: Es nützt ja nichts! Was du tust und kannst, um Leiden zu verhüten, um Leiden zu mildern, um Leben zu erhalten, ist ja doch nichts im Vergleich mit dem, was geschieht auf der Welt, um dich herum, ohne daß du etwas dazu tun kannst. Gewiß, es ist furchtbar, sich vorstellen zu müssen, in wie vielem wir ohnmächtig sind, ja, wie viel Leid wir selbst andern Wesen schaffen, ohne es verhindern zu können.

Du gehst auf einem Waldpfad; die Sonne scheint in hellen Flecken durch die Wipfel hindurch; die Vögel singen; tausend Insekten summen froh in der Luft. Aber dein Weg, ohne daß du etwas dafür kannst, ist Tod. Da quält sich eine Ameise, die du zertreten, dort ein Käferchen, das du zerquetscht, dort windet sich ein Wurm, über den dein Fuß gegangen. In das herrliche Lied vom Leben klingt die Melodie von dem Weh und Tod, die von dir, dem unschuldig Schuldigen kommen, hinein. Und so fühlst du in allem, was du Gutes tun willst, die furchtbare Ohnmacht, zu helfen wie du wolltest. Dann kommt die Stimme des Versuchers und sagt dir: Warum dich denn quälen? Es hilft nichts. Gib es auf, werde gleichgültig, werde gedankenlos und gefühllos wie die andern.

Noch eine andere Versuchung tritt auf. Mitleiden heißt Leiden. Wer einmal das Weh der Welt in sich erlebt, der kann nicht mehr glücklich werden in dem Sinne, wie der Mensch es möchte. In den Stunden, die ihm Zufriedenheit und Freude bringen, ist er nicht imstande, sich unbefangen dem Behagen hinzugeben, sondern das Weh, das er miterlebt, ist da. Er hat gegenwärtig, was er geschaut. Er gedenkt des Armen, den er angetroffen, des Kranken, den er geschaut, des Menschen, von dessen schwerem Schicksal er gelesen – und Dunkel fällt in die Helligkeit seiner Freude. Und so fort und fort. In der fröhlichen Gesellschaft ist er plötzlich geistesabwesend. Und da sagt der Versucher wieder: So kann man nicht leben. Man muß absehen können von dem, was um einem vorgeht. Nur keine so große Empfindsamkeit. Erziehe dich zur notwendigen Gefühllosigkeit, leg einen Panzer an, werde gedankenlos wie die andern, wenn du vernünftig leben willst. Zuletzt kommen wir dann so weit, daß wir uns schämen, das große Miterleben und das große Mitleiden zu kennen. Wir verheimlichen es voreinander und tun, als wäre es uns etwas Törichtes, so etwas, das man ablegt, wenn man anfängt ein vernünftiger Mensch zu werden.

Dies sind die drei großen Versuchungen, die uns unversehens die Voraussetzung, aus der das Gute kommt, zugrunde richten. Seid wachsam gegen sie. Der ersten begegne, indem du dir sagst, das Mitleiden und Mithelfen ist für dich eine innere Notwendigkeit. Alles, was du tun kannst, wird in Anschauung dessen, was getan werden sollte, immer nur ein Tropfen statt eines Stromes sein; aber es gibt deinem Leben den einzigen Sinn, den es haben kann und macht es wertvoll. Wo du bist, soll, so viel an dir ist, Erlösung sein, Erlösung von dem Elend, das der in sich selbst entzweite Wille zum Leben in die Welt gebracht hat, Erlösung, wie sie nur der wissende Mensch bringen kann. Das Wenige, das du tun kannst, ist viel – wenn du nur irgendwo Schmerz und Weh und Angst von einem Wesen nimmst, sei es Mensch, sei es irgend eine Kreatur. Leben erhalten ist das einzige Glück.

Der andern Versuchung, daß das Miterleben dessen, was um dich vorgeht, Leiden für dich ist, begegne dadurch, daß du dir bewußt wirst, daß mit dem Mitleiden zugleich die Fähigkeit des Mitfreuens gegeben ist. Mit der Abstumpfung gegen das Mitleiden verlierst du zugleich das Miterleben des Glücks der andern. Und so wenig das Glück ist, das wir in der Welt erschauen, so ist doch das Miterleben des Glückes um uns herum mit dem Guten, das wir selbst schaffen können, das einzige Glück, welches uns das Leben erträglich macht. Und zuletzt hast du gar nicht das Recht zu sagen: Ich will so sein oder so, weil du meinst, daß du so glücklicher bist als anders, sondern du mußt sein, wie du sein mußt, wahrer wissender Mensch, Mensch, der mit der Welt lebt, Mensch, der die Welt in sich erlebt; ob du damit nach der gewöhnlichen Auffassung glücklicher bist oder nicht, ist gleichgültig. Nicht das Glücklichsein verlangt die geheimnisvolle Stunde in uns, – ihr zu gehorchen ist das einzige, was befriedigen kann.

So sage ich euch, laßt euch nicht abstumpfen, bleibt wach! Es gilt um eure Seele. Wenn ich in diesen Worten, in denen ich das Innerste meiner Gedanken preisgebe, euch, die ihr jetzt hier seid, zwingen könnte, daß ihr den Trug, mit dem uns die Welt einschläfern will, zerreißt, daß keiner von euch mehr gedankenlos sein kann, daß ihr nicht mehr davor erschauert, die Ehrfurcht vor dem Leben und das große Miterleben kennenlernen zu müssen, euch darin zu verlieren, dann wäre ich zufrieden und würde meine Tätigkeit als gesegnet ansehen, auch wenn ich wüßte, daß mir morgen das Predigen verboten wird oder daß ich mit meinem Predigen bisher nichts ausgerichtet und hinfort nichts anderes mehr ausrichten könnte.

Ich, der ich sonst eine Angst habe, Einfluß auf Menschen auszuüben, wegen der Verantwortung, die man dabei übernimmt, möchte Gewalt besitzen, euch zu verzaubern, daß ihr mitfühlend werdet, bis jeder von euch den großen Schmerz erlebt, von dem man nicht mehr loskommt, wissend werdet im Mitleiden; denn ich dürfte mir dann sagen, daß ihr auf dem Wege zum Guten seid und ihn nicht mehr verlieren könnt. Unser keiner lebt sich selber: Möge uns das Wort verfolgen und nicht zur Ruhe kommen lassen, bis man uns ins Grab bettet.

DOPPELPREDIGT ÜBER DIE DANKBARKEIT*

Sonntag, den 27. Juli 1919
und Sonntag, den 17. August 1919
Morgenpredigt zu St. Nicolai

I

1. Thess. 5, 18: Seid dankbar in allen Dingen; denn das ist der Wille Gottes in Christo Jesu an euch.

Das Sprichwort «Undank ist der Welt Lohn» spricht eine zornige Wahrheit aus, die jeder schon erfahren hat. Es liegt in diesen Worten mehr als eine einfache Feststellung, daß die Welt mit Undank zu lohnen pflegt. Der Gedanke «es hat also keinen Sinn, Gutes zu tun», klingt darin an. Dies ist das Tragische. Durch den herrschenden Undank bleibt nicht nur so viel im Menschenherz unbefriedigt, was befriedigt werden könnte, sondern es wird dadurch auch so viel Gutes, das geschehen könnte, hintangehalten. Die Undankbarkeit hemmt den Geist der sittlichen Tat in der Welt.

* Diese Predigt fehlt in der von Frau Annie Fischer angelegten Sammlung (siehe S. 162), sie wurde dem Herausgeber durch eine Abschrift, die Frau Emmy Martin besitzt, zugänglich gemacht. Die Originalhandschrift befindet sich als Geschenk Schweitzers in der Hand von Johannes Bähr in Tübingen. Sie trägt den Vermerk «4. VII. 19. Im Bett Chirurgische Klinik nach der Operation».

Freilich, wenn die Menschen dem Pessimismus des Sprichwortes so gerne beistimmen, sind sie nicht immer im Rechte. Haben wir da, wo wir von Undankbarkeit reden, immer nur den Dank gesucht, den wir als sittliche Menschen suchen dürfen? Seien wir offen gegen uns selber. Vielmals sind wir in Dank getäuscht worden, den wir nicht oder nicht auf diese Art verlangen durften. Für uns alle besteht eine große Versuchung darin, daß das Gute, das wir tun, zur Schlinge wird, mit der wir einen andern Menschen einfangen. «Weißt du denn nicht mehr, was ich für dich getan habe», werfen wir ihm vor, wenn er einmal nicht unserer Meinung ist oder nicht tun will, was wir von ihm verlangen. So schleifen wir ihn am Lasso der Dankbarkeit hinter uns her, bis er nicht mehr kann. Wehrt er sich, so rufen wir unsere Bekannten zu Zeugen seiner Undankbarkeit an. Diese geben uns recht und helfen mit, den andern zu demütigen. Wir aber tun groß in heiliger Entrüstung. Was liegt aber eigentlich vor? Du selber hast dich viel mehr gegen die Dankbarkeit versündigt als der andere, denn du hast sie mißbraucht und Erpressung damit getrieben. Jeder ist in dieser Versuchung schon zu Fall gekommen, weil das Häßliche hier in so ehrbarer Gestalt an uns herantritt und sich als etwas so Berechtigtes aufspielt, daß wir seine wahre Art übersehen. Es kann uns sogar vorkommen, daß wir den uns verpflichteten Menschen zumuten wollen, aus Dankbarkeit gegen Überzeugung und Gewissen zu handeln, ohne uns über unser Tun Rechenschaft zu geben. Darum habe acht auf dich. Willst du dich über Undankbarkeit, die dir widerfährt, entrüsten, geh ein bißchen mit dir selbst beiseite und frage dich leise, ob es denn auch wirklich eine vor dem sittlichen Gewissen gültige Dankbarkeitsforderung sei, und denke daran, was du selber gelitten hast, wo Menschen dich mit der Dankbarkeit festhielten und demütigten.

Auch andere Dankbarkeitsforderungen, die der gedankenlose Mensch aufstellt, muß der sittliche Mensch sich versagen. Es sind die törichten und äußerlichen Erwartungen, die du mit dem Guten, das du tust, verbindest. Wir wollen, daß die, denen wir einen Dienst geleistet haben, uns einen schönen Namen bei den Menschen machen. Tun sie dies nicht laut genug, so empfinden wir es als Undankbarkeit. Dann, wann du in das Wort «Undank ist der Welt Lohn» einfallen willst, horche vorerst einmal zu, ob nicht der eitle Mensch in dir die Stimme erhebt. Oft wirst du, wenn du noch ehrlich gegen dich sein kannst, finden, daß dem so ist. Dann gebiete ihm Schweigen und revidiere deine Vorstellungen über die Ansprüche auf Dankbarkeit. Nimm dir eine Warnung daran, daß die gedankenlosen Menschen am meisten über Undankbarkeit klagen. Diejenigen, die ernst über die Undankbarkeit, die ihnen widerfährt, nachdenken, finden den hohen Ton der Entrüstung nicht mehr so leicht wie die andern.

Aber angenommen, daß wir uns dazu erzogen haben, das Häßliche, Eitle und Äußerliche nicht mehr in unserer Dankbarkeitserwartung mitreden zu lassen, angenommen auch, daß wir in der Selbstläuterung soweit gelangen, daß wir versuchen, das Gute wirklich um seiner selbst willen und nicht in Hoffnung auf irgendwelche Anerkennung zu tun, so werden wir dennoch durch die herrschende Undankbarkeit betroffen. Was die Menschen sich durch gegenseitige Dankbarkeit geben können und geben sollen, ist mehr als Befriedigung von mehr oder weniger berechtigten und lauteren Erwartungen. Die Dankbarkeit, die wir antreffen, hilft uns an das Gute in der Welt glauben und stärkt uns dadurch das Gute zu tun. Es nützt uns nichts, uns gegen die Undankbarkeit wappnen zu wollen. Die Enttäuschung, die unsere Seele trifft, schwächt uns. Der gute Samen, der in guter Erde liegt, sproßt wohl bei jedem Wetter, aber doch gedeiht er bei guter Witterung anders als bei schlechter. Wir haben alle große Mühe, die optimistische Weltanschauung, die uns Kraft zum Guten gibt, festzuhalten. Darum ist die Undankbarkeit, die uns immer wieder die Begeisterung nimmt, eine der schlimmsten Kräfte des Bösen in der Welt.

An diesem Bösen sind wir alle beteiligt. Wir versagen einer dem andern das, womit wir uns gegenseitig helfen könnten. Dabei lassen wir es nicht nur an der Dankbarkeit fehlen, die eine Leistung darstellt, weil sie sich in Taten, die etwas von uns verlangen, zu zeigen hat. Auch an der, die sich in Gedanken, in Worten, in kleinen Freundlichkeiten zu äußern hätte und uns also nicht teuer zu stehen käme, lassen wir es fehlen. Wir könnten einander ohne große Mühe, mit etwas Aufmerksamkeit, viel Befriedigung schaffen und unterlassen es. Darin liegt das Problem.

Wann sind wir gewohnheitsmäßig undankbar?

Würde uns jemand sagen, daß auch wir zu den Undankbaren gehören, so kämen wir leicht in Entrüstung. Zwar Fälle, wo wir wirklich undankbar gehandelt haben, sind einem jeden in Besinnung und brennen uns in der Seele, auch wenn wir sie vor der Welt nicht gelten lassen wollen. Aber wir sind geneigt, sie als vorübergehende Schwächen anzusehen und uns im übrigen zu den nicht undankbaren Menschen zu rechnen. Berechtigt halten wir uns dazu, weil wir uns nicht Akte der Undankbarkeit vorwerfen zu müssen glauben.

Wagen wir einmal, uns über uns selber zu befragen. Wir meinen im allgemeinen nicht zu den Undankbaren zu gehören. Geben wir uns da keiner Selbsttäuschung hin? Der Geist der Undankbarkeit in der Welt besteht nicht nur darin, daß Akte der Undankbarkeit begangen werden, sondern auch darin, daß zu wenig Dankbarkeit bezeugt wird. Angenommen, daß ich mich von Akten der Undankbarkeit mehr oder weniger freisprechen kann oder zum wenigsten meine es zu können, kann ich mir auch das andere bezeugen, daß ich überall, wo ich Anlaß hatte, Dankbarkeit an den Tag zu legen, dies tat oder mich wenigstens anhielt es zu tun? Sowie wir so das Wort Undankbarkeit nach seinen beiden Seiten beleuchten, kommt unsere Zuversicht ins Wanken. Alle fehlen wir darin alltäglich, daß wir Wohltaten und Freundlichkeiten aufschlucken, wie ein sandiger Boden das Wasser. Das Bestreben, uns dankbar zu erweisen, ist keine Triebkraft in unserem gewöhnlichen Leben. Was der Apostel in seinem wunderbaren Worte «Seid dankbar in allen Dingen» meint, ist noch nicht in unseren Sinn eingedrungen. Nach dem, was die wahre Sittlichkeit von uns fordert, gehören wir alle zu den Undankbaren, ob wir diesen Ruf auch vor der Welt nicht besitzen.

Um mit uns ins klare zu kommen, müssen wir die allgemeine Frage «bist du dankbar» in zwei zerlegen. «Empfindest du hinreichende Dankarbeit» und «bekundest du hinreichende Dankbarkeit».

Um die erste, ob wir hinreichende Dankbarkeit empfinden, richtig zu würdigen, müssen wir uns vergegenwärtigen, wie oft wir uns der Dankbarkeit nicht im Augenblicke selbst, wo uns Gutes erwiesen wurde, sondern erst nach und nach bewußt werden, so daß wir nachher über uns selbst staunen mußten, daß wir uns von der Bedeutung der erwiesenen Wohltat nicht alsbald Rechenschaft gaben. Keiner von uns kann ohne Beschämung an das, was er so ohne Gefühl der Dankbarkeit in seiner Jugend hinnahm, zurückdenken. Mit Schmerz beschauen wir die Gräber derjenigen, die an unserer Erziehung gearbeitet oder die uns sonst in aufopfernder Weise vorwärts geholfen haben. Sie gingen dahin, ohne daß wir ihnen gezeigt haben, was sie uns waren. Wir haben es ihnen nicht gezeigt, weil wir es nicht ermaßen, und wir ermaßen es nicht, weil wir es nicht bedachten. Mit zunehmendem Alter haben wir durch die Erfahrung die Dinge besser einschätzen gelernt. Aber, was das unvollkommene Empfinden von Wohltaten anlangt, bewahrt sich jeder von uns, auch wenn er schon ergraut ist, eine unglaubliche Jugendlichkeit. Als die Träumenden gehen wir dahin und nehmen, was andere an uns tun, als selbstverständlich an, wo es gar nicht selbstverständlich ist, und wo wir für das Geringste, was wir selber tun, erwarten, daß es der andere schätzt und darüber gerührt ist.

Alle fehlen wir darin, daß wir uns auf unser natürliches dankbares Empfinden verlassen und meinen, dies reiche aus, um uns zu dankbaren Menschen zu machen. Dieses verhält sich zur wahren Dankbarkeit wie die Ähren des Grases zu denen des Getreides. Auch das Gras hat Ähren, die blühen und Körner bringen wie das Getreide. Diese so armseligen Körner vermögen uns aber nicht am Leben zu erhalten, während die des durch Veredlung und Pflege aus den Gräsern hervorgegangenen Getreides dazu imstande sind. So müssen wir uns in dem Sinne, wie es das Leben von uns verlangt, dankbar zu empfinden, durch Selbsterziehung das natürliche Gefühl der Dankbarkeit vervollkommnen und veredeln. Unterlassen wir es, so ist es gewöhnlich so, daß die gute Charakteranlage noch mit beihilft, uns die Einbildung zu erhalten, als wären wir wirklich dankbare Menschen.

Zum Dankbarkeitsgefühl erziehen will heißen, nichts, von wem es auch kommen mag und was es auch sei, als selbstverständlich hinnehmen, sondern immer den freundlichen Willen, der hinter dem Tun steht, aufzusuchen und zu schätzen. Halte dich dazu an, alles, was dir von Menschen an Gutem begegnet, nach seinem wahren Werte zu ermessen. Nichts von dem, was dir widerfährt, ist selbstverständlich. Alles geht auf einen Willen zum Guten zurück, der auf dich gerichtet ist. Versuchst du es ernstlich und anhaltend, dich zum Dankbarkeitsgefühl zu erziehen, so hast du deine liebe Not mit dem störrischen Menschen in dir; wo er Anerkennung finden soll, scheut er wie ein störrisches Pferd vor einer Pfütze. Immer weiß er einen Ausweg, um das Empfangene herabzusetzen. Seiner Schliche ist kein Ende. Die gewöhnlichste Ausrede, mit der er sich dem Empfinden der Dankbarkeit entzieht, lautet: «Der andere hat nur seine Pflicht getan». Damit ist das Empfinden der Dankbarkeit gegen die Menschen, die uns am nächsten stehen, herabgesetzt und das Traurige erreicht, daß wir von denen, die uns am liebsten sind, das Gute annehmen ohne ihnen dafür die Erquickung, deren sie bedürfen, zuteil werden zu lassen. Ist es nicht dieser Mangel an Dankbarkeitsgefühl gegen die Nächsten, der so viel dazu beiträgt, daß sich Entfremdung und Mißverständnis zwischen ihnen und uns einschleichen kann? Laß daher in der Beurteilung dessen, was man dir antut, ganz dahingestellt, inwieweit der andere, indem er dir Gutes tut, eine Pflicht erfüllt oder nicht. Wille zum Guten, der sich in Beziehung auf dich regt und verwirklicht, nichts anderes, darf von dir in Rechnung gesetzt werden. Er stellt die Wirklichkeit dar, wie sie für dich in Betracht kommt.

Merke auch auf einen doppelten Schlich, den der dankbarkeitsscheue Mensch in dir anwendet. Ist der Dienst, der dir geleistet wird, bedeutend, so sagt er: «Ja, aber er hat dem andern keine große Mühe gemacht.» Weiß er, daß der Dienst dem andern große Mühe gemacht hat, so sagt er: «Ja, aber so groß ist der Vorteil gar nicht, den ich davon gehabt habe.» Aus Angst, einem Menschen innerlich etwas zu schulden, wollen wir uns verhalten wie bei einem Geschäft, wo es zu unterbieten gilt. Gehe auf dieses Gebaren nicht ein, sondern setze immer den höchsten Wert in Rechnung. Bringe bei der für dich begangenen Tat gleichzeitig in Anschlag, sowohl, was sie von dir aus beschaut ist als auch, was sie vom Standpunkt des andern darstellt.

Jemand hat dir einen großen Dienst geleistet, mit wenig Mühe. Gesetzt der Fall, er hat dir zu einer Stellung verholfen, indem er einen Gang tat, um dich zu empfehlen, oder er war sonst durch einen Zufall in der Lage, dir ohne große Anstrengung seinerseits von Vorteil zu sein. Vielleicht ist es gar so, daß er nicht einmal ahnt, wie viel er dir nützlich war. Du aber bedenke, was es für dich bedeutete, daß er in jenem Augenblicke dies oder das tat, und fühle dich ihm gegenüber für immer dementsprechend dankbar. Ist der Wert des Dienstes für dich klein, erwäge immer, daß du gar nicht ermessen kannst, wie schwer oder wie leicht er dem andern fiel. Das äußerlich Unscheinbare stellt oft eine große Mühe dar oder bedeutet Überwindung ernster Schwierigkeiten. Du bittest um eine Auskunft und erhältst den Brief, der sie dir gibt. Der Brief stellt vielleicht zehn Minuten Arbeit dar. Aber der Mensch, der dir ihn schrieb, wird, weil er dienstbereit ist, von vielen Seiten angegangen und muß viele solcher Briefe schreiben, oder viele Gänge tun. Du schuldest ihm nicht nur Dank für den Brief, den er für dich schrieb oder den Gang, den er für dich tat, sondern dafür, daß er überhaupt gewillt ist die Zeit, die andere sich für Erholung nehmen, für die, die seiner bedürfen, zu verwenden. Den Brief mit der Auskunft an dich hat er vielleicht um Mitternacht oder am Sonntagnachmittag geschrieben. Mir ist immer vorgekommen, als ob gerade die Menschen, die selber nicht dienstbereit sind, die kleinen Dienste, die ihnen geleistet werden, nicht würdigen. Sie kennen die Arbeit und die Opfer, die sich mit einer unscheinbaren Freundlichkeit verbinden, nicht aus eigener Erfahrung.

Bei der Selbsterziehung zur Dankbarkeit achte auch darauf, daß du dich nicht nur verbunden fühlst für das, was sichtbarlich als geleisteter Dienst auftritt, sondern auch für das, was sich äußerlich gar nicht so ausnimmt oder wo die Erinnerung vielleicht dir peinlich ist. Du warst einmal in der Lage, daß ein Mensch dich durch ein Wort, das dir unbedacht entfahren war, ein Versäumnis, das du begangen hattest, oder irgend etwas, was er über dich wußte, in der Hand hatte. Er hätte dich in Ungelegenheit, vielleicht in Schande bringen können und tat es nicht. Jetzt liegt alles in der Zeit zurück. Vergiß nicht, was du ihm schuldest, wenn es dich auch demütigt.

Bei dieser Selbsterziehung zum Dankbarkeitsgefühl bist du ganz auf dich allein angewiesen. Deine Angehörigen werden dich nie zur Dankbarkeit anhalten, sondern dich immer in der Selbsttäuschung unterstützen, daß du ein sehr dankbarer Mensch seist. Wenn sie dich verlachen, daß du zuviel Wesens machst aus dem, was dir der und jener Gutes angetan, und wenn du ihnen dein Empfinden gar nicht mehr mitteilen kannst, weil sie dich hierin nicht verstehen, dann bist du auf dem richtigen Weg. Warum gibt eine Saite, auf einer Harfe oder einer Geige, einen so schönen Ton, wo sie auf dem Tische aufgespannt kaum lautbar wird? Der empfindsame Resonanzboden schwingt mit. Also bringt die Wohltat, die dir in der Welt begegnet, den richtigen schönen Ton nur dann hervor, wenn die Resonanz des zum Dank bereiten Gemütes vorhanden ist.

Die Frage: «Bekundest du genug Dankbarkeit?» führt dich aber ebenso auf den Weg zur Selbsterziehung, wie die nach dem Empfinden der Dankbarkeit. Die Kälte in der Welt rührt daher, daß wir das, was wir an Dankbarkeit empfinden, denen, denen sie gilt, nicht genugsam kundgeben. Dann schließen diese auf Undankbarkeit und leiden darunter.

Warum versäumen wir es so oft, die empfundene Dankbarkeit auszudrücken? Aus Gedankenlosigkeit und Bequemlichkeit. Unsere Aufmerksamkeit ist nicht genügend darauf gerichtet. Von den zehn Aussätzigen, die Jesus geheilt hatte, kam nur einer zu ihm zurück, um ihm zu danken. Waren die neun andern undankbar?

Mitnichten. Sie haben seiner vielleicht ebenso herzlich gedacht wie der andere und mit Rührung von dem, was er an ihnen getan, gesprochen. Aber als sie sich in Jerusalem dem Priester gezeigt hatten und heim konnten, dachte nur einer daran, vorerst wieder zum Herrn zurückzukehren. Die andern gingen in ihr Dorf. Über dem Nächstliegenden vergaßen sie die Bekundung des Dankes. So behandelst du hundert und hundert mal kleine und große Dinge. Letzthin sagte mir eine Krankenschwester, die Operierte zu pflegen hat: «Auf meinem Saal geht die Hälfte der Kranken fort, ohne mir auch nur Lebewohl zu sagen.» Sind die, die es versäumen, alle undankbar? Gewiß nicht. Aber wenn der Tag der Entlassung kommt, sind sie so mit ihrer Abreise beschäftigt und so von den Verwandten, die sie abholen, in Anspruch genommen, daß sie den Dank an die Schwester, wenn diese nicht gerade zufällig um die Wege ist, vergessen. Sie haben es zu eilig, um sie zu suchen und ihr die Hand zu drücken und versagen im Drang des Augenblicks, weil sie sich nicht zum Danksagen erzogen haben.

Im Kriege haben viele als Gefangene oder Verwundete Wohltaten von Freunden, vielleicht von Feinden empfangen. Als sie von jenen Leuten schieden, versicherten sie, daß sie sie nicht vergessen würden und nahmen sich vor, ihnen bei der ersten Gelegenheit einen Brief zu senden und später immer wieder in Beziehung mit ihnen zu bleiben. Von tausend Briefen, die so geplant wurden, sind jedesmal kaum ein Dutzend geschrieben worden. Dann sagen sich die in der Ferne mit Bitterkeit, daß es keine Dankbarkeit gebe. In Wirklichkeit ist sie in den Herzen vorhanden. Aber es ist als existiere sie nicht, weil die betreffenden Menschen sich nicht aufraffen einen Brief zu schreiben, wo sie vielleicht Zeit finden, drei oder vier Zeitungen im Tage bis auf die letzte Zeile zu lesen.

Verschiebe die Dankbarkeit nie. Es heißt in der Schrift: «Lasset die Sonne nicht über eurem Zorne untergehen». Laß dasselbe für die Dankbarkeit gelten. Bezeuge sie an dem Tage, an dem du sie empfindest! Ein Freund vom Land hat dir etwas Obst geschickt. Du bist gerührt darüber und nimmst dir vor, ihm dieser Tage zu schreiben. Nach acht Tagen kommt er in die Stadt, ohne daß du ihm geschrieben hast und erkundigt sich im Laufe des Gespräches, ob die Sachen auch angekommen seien, und aus dem herzlichen Dank wurde ein für beide Teile peinliches Entschuldigen.

Wollen wir einmal nur fünf Minuten ernst nachdenken, was wir an versäumter Bezeigung der Dankbarkeit uns zu Schulden kommen ließen, so wird uns angst und bange von allen quälenden Erinnerungen, die da vor uns aufsteigen. Wie wollen wir nur die anerkennenden Worte und die Briefe zählen, die wir versäumt und die Besuche, die wir unterlassen haben!

Vieles unterblieb, weil wir es vergaßen. Anderes nahmen wir uns immer wieder vor, schoben es immer wieder auf und brachten es nicht zur Ausführung. Es lag zuletzt so weit dahinten, daß wir mit guter Art nicht mehr darauf zurückkommen konnten. Manchmal auch ist einer, dem wir Dank bezeigen wollten, gestorben, ehe wir ihm denselben kundgaben. Zu dem Schmerz ihn verloren zu haben, kommt dann noch der andere, unsere Undankbarkeit nicht mehr gut machen zu können.

In anderen Fällen haben wir einem Menschen Dankbarkeit ausgedrückt, hätten aber Gelegenheit ihm nach

Jahren noch einmal anzudeuten, daß wir seiner Freundlichkeit noch immer gedenken, unterlassen es aber. Es ist ganz unglaublich, wie Schüchternheit, Torheit, Leichtsinn und Trägheit sich miteinander verbinden, um uns zu undankbaren Menschen zu machen, und wie wir gegen diese Verführung so wenig auf der Hut und so widerstandslos sind. Darum erziehe dich dazu, das Wort oder den Gang zur Bezeigung der Dankbarkeit nie zu verschieben und eine Dankbarkeit nie als erledigt anzusehen, sondern später, wo es die Gelegenheit nur bietet, dem andern kundzugeben, daß sie noch in dir lebt.

Wie es für dich keinen Aufschub und keine Verjährung der Dankbarkeit geben darf, so auch keine Aufhebung derselben durch später eintretende Umstände. Ein Mensch hat dir Gutes getan. Nachher kommt ohne deine Schuld etwas zwischen euch. Er nimmt dir die Ansichten, die du hegst oder deine Beziehungen zu dem und dem Menschen übel, wenn er dir nicht gar etwas Häßliches antut, oder sonst etwas begeht, das euch trennt. Mit Menschen, die man gern hatte, entzweit sein, ist schwer; noch schwerer aber ist es, wenn es sich um solche handelt, denen wir durch Dankbarkeit verbunden waren. Wer dieses im Leben durchmacht, weiß, in welche Verwirrung es einen wirft. Mag nun aber auch kommen was will, sage dir nie: «Ich bin fertig mit ihm.» Laß die Erinnerung der Dankbarkeit alles, was später eintritt, überleben, und wo du eine Gelegenheit findest, ihm auf irgend eine Weise kundzutun, daß sie trotz allem in dir lebt, versäume es nicht. Nicht einmal die Schüchternheit, er könnte dir es übelnehmen oder dich verhöhnen, darf dich davon abhalten. Bedenke doch, was Dankbarkeit ihrem innersten Wesen nach bedeutet:

Daß ein Mensch durch geheimnisvolle, durch irgendeine von ihm ausgegangene Tat geschaffene, Bande auf immer dir verbunden ist. Er hat ein Recht auf dich, nicht ein Recht, das sich nach allgemeinen Gesetzen feststellen läßt und das er von sich aus geltend machen kann, sondern eines, das von dir aus gegeben und von dir erkannt und anerkannt ist. Was dieses Recht dir gebietet, mußt du ihm zu geben suchen, wo und wann du es nur kannst. Der Mensch, dem du Dankbarkeit schuldest, sei dir nie ein Mensch wie ein anderer und werde es nie, sondern bleibe dir etwas Besonderes, wie etwas, das dir geheiligt ist.

II

Die Bekundung der Dankbarkeit durch Worte und Freundlichkeiten ist das alltäglich Geforderte. Nur in einem kleinen Bruchteil der Fälle kommen wir in die Lage, unsere Erkenntlichkeit durch Handlungen, die eine nennenswerte oder große Anforderung an uns stellen, zu erweisen zu haben. Sich zur Ableistung dieser Dankbarkeit erziehen, heißt den Kampf gegen unsere Charakterlosigkeit und Bequemlichkeit aufnehmen. Wie gerne und mit welchem Geschick gehen wir aus dem Wege! Die Besten unter uns besitzen hierfür ein Talent sich selbst zu betrügen, das ihnen Grauen einflößen muß, wenn sie wagen, es sich einzugestehen. Die Abrechnung über die Enttäuschungen, die wir den Menschen, die unserer bedurften und ein Recht auf unsere Dankbarkeit besaßen, bereitet haben, ist für einen jeden von uns niederschmetternd. Wer sieht nicht, im Geiste ohne sie mehr loswerden zu können, Augen, die ihn vorwurfsvoll ansehen? Und oft waren es nicht einmal große Opfer, die von uns verlangt wurden, sondern Dienste, die wir mit einigem guten Willen wohl hätten leisten können.

Tue nicht, wie so viele um dich herum, die nur darauf ausgehen, diese Erinnerungen los zu sein, ja, die die Menschen, die von ihnen im Stiche gelassen wurden, geradezu hassen, weil sie demütigende Erinnerungen in ihnen erwecken. Erlebe diese Demütigung als etwas, das dich ernst und stark macht auf das, was du in Zukunft zu geben hast. Nur wer von uns in Rückschau auf sein Leben Grauen und Angst vor der Undankbarkeit erfahren hat, ist zur Dankbarkeit fähig.

Wichtig für die Dankbarkeit, die du zu betätigen hast, ist, daß du nicht wartest, bis der andere sie von dir fordert. Wo du nur ahnen kannst, daß er ihrer bedarf, komme ihm zuvor und biete sie ihm an. Denke an die Fälle, wo du zu einem Menschen gehen und mit Berufung auf seine Dankbarkeit einen Dienst von ihm erbitten mußtest! Es sind die schwersten Gänge. Warum nehmen wir sie, wo wir es können, einander nie ab? Habe Feingefühl und Geschick im Erweisen von Dankbarkeit. Wie oft demütigen und verletzen wir den andern, der in solcher Lage auf uns angewiesen ist!

Sei auf der Hut, daß deine Dankbarkeit nicht durch Menschenfurcht zu Falle komme. Viele Dienste, die wir als Erweis der Dankbarkeit zu leisten haben, bestehen darin, daß wir in irgend einer Art für Menschen eintreten sollen, sei es um sie zu empfehlen, sei es uns für sie zu verbürgen, sei es sie gegen Verleumdungen und Ungerechtigkeiten in Schutz zu nehmen. Schüchternheit und Charakterlosigkeit dringen auf dich ein und erbieten sich, dich von diesen Verpflichtungen loszusprechen.

Jeden andern Dienst möchtest und könntest du leisten, sagen sie dir. Aber daß du dich auf diese Weise hervortust, das sei deines Amtes nicht. Was du ihm so nützen könntest wäre wenig, gar nichts im Verhältnis zu den Mißverständnissen und Unannehmlichkeiten, denen du dich dabei aussetztest. So und ähnlich reden diese beiden glatten Advokaten. Weisest du sie nicht gleich unter dem Einfluß der ersten guten Regung ab, so bringen sie dich herum. Und bist du ihnen erst einmal gefolgt, so haben sie dich immer in der Gewalt.

Noch eines merke für die Ableistung der Dankbarkeit. Erlaube dir nicht abzuwägen, ob der Dienst, der dir jetzt zufällt, nicht größer ist als der, den man dir geleistet hat. Das Schicksal kann dich berufen, daß du für etwas Kleines, das du empfangen, mit etwas Größerem, vielleicht gar mit etwas Großem, zu vergelten habest. Rechte nicht mit ihm. Dasselbe Schicksal bestimmt anderen, daß sie dir Kleines mit Großem heimzuzahlen haben. Seine merkwürdigen Fügungen kannst du nicht nachprüfen. Unterwirf dich ihnen wie im Empfangen, so im Geben.

Das Bewähren von Dankbarkeit ist aber noch etwas mehr und etwas Allgemeineres, als daß ich Menschen, die mir einen Dienst geleistet haben, bei Gelegenheit meinerseits helfe. Es besteht darin, daß ich für alles, was ich Gutes empfangen habe, Gutes tue. Oft kannst du einem Menschen nicht vergelten, was er dir erwiesen, weil er nie in die Lage kommt, dich zu brauchen, vielleicht auch nicht mehr auf der Welt ist. Überhaupt kannst du für alle Barmherzigkeit, die dir geschieht, nicht immer bestimmten Menschen danken. Oft kennst du sie nicht, von denen sie ausgeht.

Ein Mensch wird zur Operation in die Straßburger Klinik gebracht. Wem dankt er es, wenn er dort geheilt werden kann? Nicht nur dem Professor, der ihn operiert, den Assistenten, die ihn verbinden, und den Schwestern, die ihn pflegen, sondern noch andern Menschen, die im Hintergrunde der Vergangenheit stehen. Daß das Spital da ist um ihn aufzunehmen, geht auf diejenigen zurück, die es durch ihre Schenkungen in vergangener Zeit gründeten. Daß er sanft eingeschläfert wird und die Operation für ihn nicht grausige Qual bedeutet, wie es vor hundert Jahren der Fall gewesen wäre, kommt ihm von denen zu, die die Wirkungen des Äthers und des Choloroforms entdeckten und von denen, die sich zu den ersten Versuchen mit diesen Stoffen hergaben. Daß man endlich Operationen aseptisch, das heißt ohne Angst um die Vereiterung, die früher die schwere Gefahr aller chirurgischen Eingriffe bildete, unternehmen kann, hat ihm der Wiener Arzt Semmelweis durch seine Beobachtungen erworben, daß alle Wundfieber von unsichtbarem Schmutz, den der Operateur an seinen Händen in die Wunde bringt, hervorgerufen werden und zu vermeiden sind, wenn er sich vorher mit desinfizierenden Stoffen – Semmelweis verwandte zuerst Chlorkalk – reinigte. Diese unbekannten Wohltaten der Vergangenheit helfen bei jeder Operation mit und der Operierte schuldet ihnen seine Heilung, ohne die Dankbarkeit je an sie abtragen zu können. Also muß er sie in ihrem Namen denen zu gute komme lassen, die ihrer bedürfen.

Darum, in der Art, wie dir Gutes widerfahren ist, tue Gutes zum Danke. Führe bei dir selbst Rechnung darüber, ob du den Betrag, den du an das Schicksal und an unbekannte Menschen schuldest, richtig begleichst.

Ist dir in Krankheit geholfen worden, wisse, daß du dafür etwas für einen Kranken tun sollst. Hat dir jemand in der Bedrängnis mit einem Darlehen ausgeholfen und es ist einer in der gleichen Not wie du, hilf ihm aus Dankbarkeit für das, was an dir getan wurde. Du kamst irgendwo als Fremder hin und jemand nahm sich deiner an; das soll heißen, daß du einem Fremden dasselbe tun sollst. Jemand tut für dich einen Gang oder trat für dich ein, dafür mußt du einem andern in derselben Weise dienen. Jemand war dir behilflich, daß du die richtige Lehre bekamst, um etwas Tüchtiges zu werden; sieh dich um, wo ein Mensch deiner so bedarf. Irgend jemand gab dir umsonst, was man sonst bezahlt; gib du dafür irgend einem umsonst, was du dir bezahlen lassen könntest. Oder er nahm Zeit für dich, wo er kaum welche zur Verfügung hatte. Das will heißen, daß du selber einmal, auch wenn du überarbeitet bist, Zeit für einen Menschen haben mußt. Also tu in deinem ganzen Leben, im großen wie im kleinen. Rede nicht viel davon. Es beruht auf einer Buchführung, in die du allein Einblick hast und haben sollst. Sie geht die andern nichts an. Mache nur, daß die Rechnung stimmt.

Es gibt in der Natur Pflanzen, die sich unterirdisch verbreiten. Die Wurzel wächst unter der Erde weiter und sendet an einer bestimmten Stelle einen neuen Trieb in die Höhe, so daß dann mehrere Pflanzen nebeneinander, scheinbar selbständig und unabhängig voneinander, auf demselben Platze stehen. In Wirklichkeit aber sind sie aus der Wurzel der einen, die zuerst dastand, hervorgegangen. Also sei es mit der Verbreitung des Guten. Das Gute, das dir widerfährt, sende durch diese triebfähigen Wurzeln, aus denen neue Taten hervorgehen. Verstehe das Geheimnis der Dankbarkeit. Sie ist mehr als eine sogenannte Tugend. Als ein geheimnisvolles Gesetz des Geschehens werde sie dir offenbar. Im Gehorsam gegen dasselbe haben wir unsere Bestimmung zu erfüllen.

Dies ist eine mystische Auffassung der Dinge. Gewiß. Aber wo wir den Dingen auf den Grund gehen, kommen wir immer auf etwas Geheimnisvolles. Das Leben und alles was damit zusammenhängt, ist unergründlich. Was in das Gebiet des Alltäglichen zu gehören scheint, nimmt seinen ungeahnt tiefen und folgenreichen Charakter an, sobald wir es zu Ende überdenken. Das Wissen vom Leben ist das Erkennen des Geheimnisvollen. Recht handeln heißt, den Gesetzen gehorchen, die aus diesem Erkennen des Geheimnisvollen kommen.

Arbeitest du an dir, das große Gesetz der Dankbarkeit zu erfüllen, so trägt dir diese Anstrengung nebenbei etwas Merkwürdiges ein: Du leidest viel weniger unter der Undankbarkeit, die dir begegnet, als vorher. Beachtest du dich selber im täglichen Leben und bemerkst du die hundertfachen Versäumnisse an Dankbarkeit, die du dir fort und fort zuschulden kommen läßt, so rechtest du mit den andern nicht mehr so, wie die, die noch nicht zur Selbstbesinnung gekommen sind. Das Gefühl der Schuld, die auf dir selber lastet, macht dich nachsichtig. Du hast eingesehen, wie schwer es ist, sich in allem und gegen alle wirklich dankbar zu erweisen. Was an dir versäumt wird, tut dir nicht mehr so weh, als wenn du dich noch naiv entrüstetest.

Ferner aber weißt du auch, daß mehr Erkenntlichkeit vorhanden ist, als in die Erscheinung tritt, weil viel empfundene Dankbarkeit nicht dazu kommt, sich in

Worten oder Taten kundzugeben. Mit diesem Trost tröstest du dich, wo andere fassungslos sind. Die Undankbarkeit, die in der Welt ist, ist eine Macht des Bösen, die über dich nicht mehr ihre ganze Gewalt hat. Du läßt den vielen gedankenlosen und undankbaren Menschen das Sprichwort: «Undank ist der Welt Lohn» zur Beute. Für dich aber lernst du darüber lächeln als einer, der in die Dinge und hinter die Dinge gesehen hat und bei so trauriger Weisheit nicht stehenbleibt.

NACHWORT DES HERAUSGEBERS

ALBERT SCHWEITZER ALS PREDIGER

Leben und Wirken Albert Schweitzers sind von den vielfältigsten Gesichtspunkten aus in zahlreichen Veröffentlichungen dargestellt worden; er selbst hat in seinen autobiographischen Schriften und den Berichten aus Lambarene dazu ein reichhaltiges Material zur Verfügung gestellt. Fast ganz unbekannt geblieben ist jedoch eine, für Albert Schweitzer sehr wesentliche Seite seines Lebens: seine Wirksamkeit als Prediger. Nur die wenigen Überlebenden, die vor mehr als fünfzig Jahren noch selbst unter der Kanzel des jungen Vikars von St. Nicolai in Straßburg saßen, bewahren einen Eindruck davon.

Die Predigttätigkeit Albert Schweitzers erstreckt sich von 1898 bis 1913, sie setzt dann aus und wird von 1918 bis 1921 nochmals ausgeübt. Aus dem Jahr 1934 sind noch zwei Predigtentwürfe erhalten, die beide um das Thema der Vergebung kreisen; sie zeigen, daß Schweitzer – abgesehen von seinen täglichen Andachten und Gottesdiensten in Lambarene – während der Europaaufenthalte noch manchmal gepredigt hat.

Im Jahre 1898 hat Albert Schweitzer gelegentlich aushilfsweise für seinen Vater in Günsbach den Gottesdienst gehalten. Am 1. Dezember 1899 wird er Lehrvikar zu St. Nicolai in Straßburg, am 29. Januar 1900 ordiniert. Am 25. Februar, gerade am Faschingssonntag, hält er seine Probepredigt über den Text 1. Thess. 5,16: «Seid allezeit fröhlich». Am 15. Juli legt er das zweite theologische Examen ab und ist von da an regulärer Vikar.

Schweitzer hatte vornehmlich die Nachmittagsgottesdienste zu übernehmen, später immer mehr auch Morgengottesdienste. Über die Form der Predigtvorbereitung sagt er: «Meine

Predigten arbeitete ich schriftlich aus, wobei der Reinschrift oft zwei oder drei Skizzen vorausgingen. Im Vortrag band ich mich aber nicht an diese genau memorierte Fassung, sondern gab der Predigt oft eine ganz andere Form.» («Aus meinem Leben und Denken», bei Paul Haupt S. 21).

Im Frühling 1912 gab Albert Schweitzer die Pfarrstelle auf. Am 9. März 1913 hielt er dort noch eine Abschiedspredigt vor der Ausreise nach Lambarene. Nach der Entlassung aus der französischen Internierung am Ende des 1. Weltkrieges übernahm er nochmals bis April 1921 das Predigeramt zu St. Nicolai, aber mit längeren Unterbrüchen infolge seiner Auslandsreisen.

*

Es wäre verfehlt, daraus, daß wir so wenig von der Predigttätigkeit wissen, schließen zu wollen, daß für Albert Schweitzer das Predigtamt etwas Nebensächliches gewesen wäre. Vielmehr war es für ihn ein Herzensbedürfnis, so daß er den Verzicht darauf bei seiner Abreise nach Lambarene als ein großes Opfer empfunden hat. Wir finden darüber in seinen Selbstzeugnissen entscheidende Hinweise:

«Theobald Ziegler legte mir nahe, mich in der philosophischen Fakultät als Privatdozent zu habilitieren. Ich entschloß mich aber für die theologische. Ziegler deutete mir nämlich an, daß man nicht gern sehen würde, wenn ich als Privatdozent der Philosophie mich zugleich als Prediger betätigte. Nun war mir das Predigen aber ein innerliches Bedürfnis. Ich empfand es als etwas Wunderbares, allsonntäglich zu gesammelten Menschen von den letzten Fragen des Daseins reden zu dürfen.» (Aus meinem Leben und Denken S. 19, Bericht über das Jahr 1899). «Die letzte Predigt vor meiner Gemeinde zu St. Nicolai hielt ich über Pauli Segensspruch im Briefe an die Philipper ‹Der Friede Gottes, welcher höher ist denn alle Vernunft, bewahre eure Herzen und Sinne in Christo Jesu›, mit dem ich all die Jahre hindurch meine Gottesdienste beschlossen hatte. Nicht mehr zu predigen und nicht mehr Vorlesungen zu halten bedeutete einen schweren Verzicht für mich. Bis zu meiner Abreise nach Afrika vermied ich es dann nach Möglichkeit, an St. Nicolai oder an der Universität vorbeizugehen, weil der Anblick dieser Stätten eines nie wiederkehrenden Wirkens mir zu schmerzlich war.» (a. a. O. S. 95).

Daß der Prediger Albert Schweitzer neben dem Denker, Arzt und Künstler so sehr im Schatten steht, liegt daran, daß er seine Predigten niemals veröffentlicht hat. Wohl hegte er zeitweise den Plan, sie wenigstens teilweise unter dem Titel «Andachten aus St. Nicolai» herauszugeben. Doch es kam nie dazu, und später hat er den Gedanken wieder zurückgestellt. Seine Zurückhaltung hatte ernsthafte Gründe. Die unerhörte Arbeitsbelastung, unter deren Druck Albert Schweitzer insbesondere während der Jahre des Medizinstudiums stand, hatte zur Folge, daß er seine Predigten nur selten in dem Maße ausarbeiten konnte, daß sie druckfertig gewesen wären. Manche seiner Manuskripte sind nur Skizze und Entwurf. Andere wieder sind bis zu einem gewissen Punkt genau ausgearbeitet, aber der Schluß besteht nur noch aus einer skizzierten Zusammenfassung. Albert Schweitzer mußte ja jede freie Minute ausnützen; so finden wir auf den Blätten Vermerke wie «Entworfen Wartesaal Paris nach Le Hâvre 7. fevr. Morgens 5–8».

Eine Veröffentlichung hätte erfordert, alle Manuskripte sorgfältig durchzuarbeiten und das bloß Vorläufige zu bereinigen. Dazu aber fehlte die Zeit, und Fragmentarisches wollte Albert Schweitzer nicht herausgeben.

Einige Predigtausschnitte hat Fritz Wartenweiler im Rahmen eines Aufsatzes in der Festschrift zum 80. Geburtstag des Urwalddoktors («Ehrfurcht vor dem Leben», bei Paul Haupt, S. 104–114) bekanntgemacht; Wartenweiler hat das Verdienst, daß er sich schon früh dieser Predigten angenommen hat.

Die Erhaltung der Predigten verdanken wir Frau Annie Fischer geb. Stinnes, die sich der Mühe unterzog, während des 2. Weltkrieges rund 150 Manuskripte sorgfältig zu kopieren. Diese maschinengeschriebenen Abschriften überlebten den Krieg, die Originalhandschriften jedoch sind während eines Bombenangriffes auf Stuttgart verbrannt. Die Kopien von Frau Fischer bilden, mit Ausnahme der letzten Predigt, die Grundlage der vorliegenden Veröffentlichung. Der Text von Frau Fischer wurde möglichst unverändert übernommen. Offensichtliche Abschreibfehler und grammatikalische Unebenheiten, die auf einen Fehler schließen ließen, wurden stillschweigend korrigiert. Da die Abschrift einen sehr sorgfältigen Eindruck macht, sind die vorgenommenen Textänderungen nur ganz geringfügiger Art.

Es müssen ursprünglich noch weit mehr Niederschriften existiert haben; während wir von einigen Jahrgängen deren 20 besitzen, haben wir von anderen nur 4, ja von einem Jahrgang überhaupt keine. Auch erweisen sich einige Predigtzyklen nicht als vollständig. Ferner kennen wir Texte, über die Schweitzer bei bestimmten Gelegenheiten gepredigt hat, aber die Predigten selbst fehlen. Es ist denkbar, daß bei der Sichtung des Nachlasses in Günsbach noch eine Reihe von Handschriften zum Vorschein kommt. Doch wäre davon keine grundsätzliche Veränderung unseres Bildes zu erwarten, höchstens eine Bereicherung; die wichtigsten Predigten sind offensichtlich in unserer Sammlung erhalten.

Nachdem im vergangenen Jahr mit Albert Schweitzer ein Gedankenaustausch über eine mögliche Veröffentlichung stattgefunden hatte, sollte die hier vorliegende Auswahl eben zu einer letzten Durchsicht und zur letzten Entscheidung nach Lambarene geschickt werden, als die Nachricht von der Erkrankung und kurz danach vom Tod des Urwalddoktors eintraf.

*

Die in dem vorliegenden Bändchen veröffentlichten 17 Predigten, die ja nur einen kleinen Teil des vorhandenen Materials und einen noch kleineren der gesamten Predigttätigkeit Schweitzers umfassen, sind nach den folgenden Gesichtspunkten ausgewählt worden:

Von vorneherein haben wir sämtliche Predigten ausgeschieden, die nicht ganz vollständig ausgearbeitet waren. Es mußte deshalb leider auch auf solche Stücke verzichtet werden, die von elementarer Kraft und tiefer Eindringlichkeit sind, teilweise auch von einer hohen Schönheit der Bildsprache. Eine Reihe von Predigten, die nur einen skizzenhaften Schluß aufwiesen, fielen so aus der Wahl. Unter den vollständigen Predigten wurde die Auswahl so getroffen, daß ein möglichst charakteristisches und reichhaltiges Bild des Predigers von St. Nicolai vor unseren Augen entstehen kann. So wurde auch eine Predigt des ganz jungen Schweitzer aus einem Zyklus über die Seligpreisungen aufgenommen, die uns im Vergleich zu den späteren Stücken zeigt, welche Entwicklung die Straßburger Jahre gebracht haben. Es fällt auf, wie Albert Schweitzer von konventionelleren Gedanken zu spezifisch eigenen fortschreitet, ebenso wie seine Sprache an Prägnanz und Bildkraft gewinnt. Weiter haben wir einige Predigten aus einem Zyklus über ethische Fragen aus der Zeit nach der Rückkehr aus der französischen Internierung aufgenommen, die einen ganz anderen Stil als die früheren zeigen. Sie sind für das Verständnis Albert Schweitzers vor allem deshalb von Wichtigkeit, weil er hier, ganz erfüllt von seinem in Afrika gefundenen Grundprinzip der Ehrfurcht vor dem Leben, zum ersten Mal vor einem größeren Kreis von Menschen davon spricht. Man muß sich darüber Rechenschaft geben, daß diese Predigten vor der Veröffentlichung von «Kultur und Ethik» gehalten wurden. Es ist zu beachten, daß Albert Schweitzer seine Gemeinde in Straßburg und sein Predigtamt dazu wählt, um diesen seinen innersten Gedanken zum ersten Mal zu enthüllen. Wir spüren deutlich die innere Bewegung, die den Prediger in diesen für ihn so entscheidenden Stunden am 16. und 23. Februar 1919 durchdrang. Diese Predigten ergänzen unser Verständnis der «Ehrfurcht vor dem Leben» vor allem auch in der Richtung, daß sie uns den Zusammenhang zwischen dieser Ethik und dem neutestamentlichen Liebesgebot, wie Schweitzer ihn sieht, erhellen.

Daneben schien es wichtig, Predigten aus den Festzeiten des Kirchenjahres aufzunehmen. Es fällt auf, welch großen Raum insbesondere die Advents-, Weihnachts- und Passionspredigten unter den ausgearbeiteten Stücken einnehmen. Das Kommen Christi und noch mehr das Geheimnis des Leidens des Herrn müssen den Prediger immer wieder stark beschäftigt haben. Dasselbe gilt für Pfingsten und die Frage nach dem Heiligen Geist.

Neben den großen Festzeiten des Kirchenjahres finden wir aber auch eine bemerkenswerte Zahl von Missionspredigten. Offensichtlich hat die Frage der Mission Albert Schweitzer schon vor dem Entschluß, nach Lambarene zu gehen, tief bewegt. Die Missionspredigten zeigen gewöhnlich die gleiche Thematik, sie befassen sich fast alle mit der Rechtfertigung der Mission verschiedenen Einwänden gegenüber. Unter den zahlreichen Missionspredigten haben wir diejenige vom 6. Januar 1905 aus dem Grunde ausgewählt, weil Albert Schweitzer in ihr den für ihn so wichtigen Gedanken der Sühne entwickelt und uns einen Einblick darein gibt, wie er zu ebendiesem Gedanken gekommen ist. Die Predigt vom 20. November 1904 ist ein Beispiel der zahlreichen Erntedankpredigten, ein Hinweis darauf, wie wichtig auch dieser Anlaß dem Prediger je und je war.

*

Die Predigtweise Albert Schweitzers ist sehr persönlich. Wir können, vom gesamten Predigtmaterial her gesehen, etwa die folgenden Gesichtspunkte als für ihn typisch erkennen:

1. Er verwendet zum größten Teil *neutestamentliche Texte* und greift nur selten zum Alten Testament. Für einen neutestamentlichen Forscher ist das zwar naheliegend, aber die Bevorzugung des Neuen Testamentes ist doch so ausgeprägt, daß sie nicht nur damit erklärbar ist. Albert Schweitzer selbst ist sich dessen bewußt und spricht es bei einer der wenigen Gelegenheiten, da er einen alttestamentlichen Text verwendet, aus: «Ich predige euch selten über die Propheten, und manchmal mache ich mir Vorwürfe deswegen, denn es stehen so wundervolle Sprüche in ihren Büchern. Aber es heißt in der Schrift: Wenn aber kommen wird das Vollkommene, so wird das Stückwerk aufhören. Und weil wir das Vollkommene in den Sprüchen des Herrn haben, so reden wir so selten von dem Unvollkommenen, den Propheten.» (Predigt vom 10.7.1902 über Sach. 4,6.). Dabei stammen immerhin von den insgesamt 8 mir zugänglichen Predigten über alttestamentliche Texte noch deren 4 eben aus jenem Jahre 1902.

Innerhalb des Neuen Testamentes wiederum bevorzugt Albert Schweitzer eindeutig die synoptischen Evangelien Matthäus, Markus und Lukas sowie den Apostel Paulus. Der Hälfte der rund 150 Predigten, nämlich 76, liegen synoptische Texte zu Grunde. Unter ihnen hat wiederum Matthäus mit 46 Predigten den Hauptanteil. Paulustexte kommen 36mal vor, nicht gerechnet zwei Predigten über den Epheserbrief.

Die Bevorzugung des Neuen Testaments hat für Albert Schweitzer nicht den Sinn einer Ablehnung des Alten Testaments; das geht auch schon aus dem Umstand hervor, daß er bei seinen sich über Jahrzehnte erstreckenden Bibelauslegungen in Lambarene auch immer wieder zwischenhinein das Alte Testament berücksichtigt hat. Aber seine eigene Frömmigkeit kreist ganz um Jesus selbst.

2. Albert Schweitzer wählt im allgemeinen *kurze Texte*, meist einen prägnanten Spruch. Er hält nicht Homilien im

Sinne einer heute weitverbreiteten Weise, ganze Kapitel Vers für Vers paraphrasierend auszulegen. Er hält aber auch nicht einfach Themapredigten, so gewiß solche gerade bei Anlässen wie Erntedankfest, Fastnacht, Missionssonntag und ähnlichen mehr vorkommen. Seine Predigtart ist vielmehr die, sich von dem «Spruch» bewegen und führen zu lassen und ihn zu modulieren. Dabei läßt er sich gerne auch gerade von der Anschaulichkeit eines Wortes leiten; ein charakteristisches Beispiel dafür haben wir in der Predigt vom 10. Dezember 1904 über das Pflügen.

3. Albert Schweitzer predigt weder dogmatisch noch doktrinär-belehrend noch auch moralistisch, sondern *religiös-seelsorgerlich*. Es ist die Legende entstanden, er habe «recht moralisch» gepredigt. Das kann man mancherorts lesen, aber diese Behauptung ist kaum aus einem eingehenden Studium dieser Predigten erwachsen, sondern aus der Tatsache erschlossen, daß Albert Schweitzer ein großer Ethiker war. Nur die spezielle Serie der Predigten über ethische Probleme aus dem Jahre 1919, als er die Grundgedanken der «Ehrfurcht vor dem Leben» entfaltete, ist von einer Art, die wir als ethische Predigten im engeren Sinne bezeichnen können.

Es versteht sich von selbst, daß bei einem Manne wie Albert Schweitzer, der ein Mensch der Tat und der Verwirklichung ist, alles auf das Wirklichwerden des Christseins im Leben hintendiert. Das Einswerden nicht nur des leidenden, sondern auch gerade des tätigen Willens mit Jesus gibt in der Tat den Predigten das Gepräge. Aber es ist doch stets ein primär religiöser, nicht moralischer Impuls. Es fehlt der Predigt Schweitzers durchaus das Gesetzliche, das die moralistische Predigt charakterisiert. Man kann sagen, daß Albert Schweitzer gerade nicht das Gesetz, sondern das Evangelium predigt. Die Worte sind hilfreich und aufrichtend, nicht drohend oder richtend. Das zeigt schon die Art und Weise, wie er die Texte einführt. So heißt es etwa: «Dies Wort ist wie ein Sonnenaufgang.»

Es fehlt daher nicht nur das Belehrende des Moralisten und Pharisäers, sondern ebenso das Fanatische des Bußpredigers. Seine Einstellung dieser Art Predigt gegenüber hat Albert Schweitzer mit folgenden Worten gekennzeichnet: «Ich kann euch auch nicht von Schuld reden, wie die gewaltigen Bußprediger, die im Laufe der Zeit aufgetreten sind. Und ich möchte es auch nicht. Sie kommen mir auch immer vor wie gewaltige Gewitter, die über die Erde niedergegangen sind, und nicht die Erquickung gespendet haben, die gespendet worden wäre, wenn das Wasser, statt in Strömen hernieder zu fallen und das Erdreich mit fortzuschwemmen, als sanfter, die Erde aufweichender Regen niedergegangen wäre. Der Täufer war ein gewaltiger Prediger. Aber Jesus hat in der sanften Art, wie er zu den Menschen sprach, sicher viel mehr und viel tiefer Sündenerkenntnis gewirkt als jener. Wer von uns von Schuld und Sünde zu andern predigt, muß reden als ein sündiger Mensch zu andern und alles, was er Wahrhaftiges sagt, ist ein Stück dessen, was er erlebt hat.» (Predigt vom 21. Januar 1912.)

4. Die Sprache der Predigten ist *sehr schlicht*. Er vermeidet gelehrte Wendungen, er spricht bewußt auch die einfachen Menschen an, ohne das gedankliche Niveau zu verlieren. Er hat gelegentlich von sich gesagt, er predige nicht wie ein Theologe, sondern wie ein Laie. Er äußert dies wie entschuldigend und führt den Mangel an Zeit vor allem während des Medizinstudiums als Ursache an. Aber die Gründe liegen tiefer. Denn auch schon in der Zeit vor dem Beginn dieses Studiums predigte Albert Schweitzer grundsätzlich gleich. Es gehört vielmehr eben zu seinem Charisma, die tiefsten Gedanken ganz schlicht aussprechen zu können, so daß er die Hörer der verschiedensten intellektuellen Schichten in gleicher Weise anzusprechen vermag.

Was nun aber diese schlichte Predigtsprache ungeheuer farbig und plastisch macht, das ist der *Reichtum an Bildern* und Vergleichen. Die Predigtsprache Albert Schweitzers ist nicht abstrakt, sondern bis an den Rand gefüllt mit Anschaulichkeit. Die Bilder, teilweise nur ganz kurze, prägnante Vergleiche, oft aber auch ganze in dichterischer Schönheit ausgeführte Gleichnisse, sind der alltäglichen Beobachtung entnommen. Sie zeigen, wie sehr Albert Schweitzer nicht ein Mann des abstrakten Denkens, sondern der konkreten Anschaulichkeit und Vorstellungskraft ist. Er beobachtet scharf, und die Bilder setzen sich ihm ungesucht in Gleichnisse um. Man wird wohl nicht fehlgehen, wenn man in der bildhaften Fülle der Gleichnissprache Jesu ein Vorbild solcher Predigtsprache sieht.

5. An den Predigten, ganz besonders den Advents-, Weihnachts- und Passionspredigten, fällt die fast *mystische Jesusnähe* auf, die alles durchdringt. Albert Schweitzer redet von Jesus nur sehr selten dogmatisch. Aber alles erwächst aus der beseligenden Erfahrung einer tiefen Willens- und Lebensgemeinschaft mit dem Herrn, aus einer Nähe und Verbundenheit mit Jesus Christus, die wie ein verhaltenes Feuer alles durchglüht. Der Impuls zu Tat, Nachfolge und Hingabe wie die Kraft zum Tragen des Schweren strömen beide aus dem «Siehe, ich bin bei euch alle Tage bis an der Welt Ende», von dem aus die Jesuspredigt Albert Schweitzers ihre Aktualisierung und ihre Gegenwärtigkeit gewinnt. In dieser Gemeinschaft ist die historische Distanz zu Jesus überwunden und jene «Gleichzeitigkeit» erreicht, in der erst das Leben des Glaubens sich vollendet.

*

Die Predigten geben uns in manchmal fast noch unmittelbarere Weise als die veröffentlichten Schriften Einblick in die Frömmigkeit Albert Schweitzers. Er, der in seinem Wesen trotz aller Offenheit doch im Innersten scheu und zurückhaltend gewesen ist, läßt seine Gemeinde – und damit nun auch uns – in diesen Predigten oft einen Blick in sein Innerstes tun, den er in seinen Büchern der Öffentlichkeit versagte. Es ist viel ganz persönliches Bekenntnis in diesen Predigten.

Sie zeigen uns die Einheit von Theologie, Glauben und Leben dieses Mannes.

Was uns, Seite um Seite, bewegend, aufrichtend und tragend, entgegenschlägt, das ist die Glut einer tiefen christlichen Frömmigkeit, die aus der ebenso mächtigen wie innigen Christusverbundenheit lebt. Über die Jahrzehnte hinweg spricht Albert Schweitzer unmittelbar aus seinem Herzen zu uns, uns in derselben Weise bewegend, uns helfend, uns führend wie seine Gemeinde von St. Nicolai.

Zollikofen b. Bern, im März 1966.

Ulrich Neuenschwander